Maurizio OM Ongaro

Le Leggi dell' Informatica

Sommario

Introduzione

Frutto di trent'anni di esperienza, sono giunto in questo periodo a cimentarmi a mettere per iscritto degli aforismi insieme a frasi nucleari e nominali che male non faranno, anzi dovrebbero esortare e spronare a una critica ironica ma intelligente dell'ambito informatico nei suoi molteplici aspetti.

Inizialmente, prendendo esempio da personaggi di gran lunga più importanti e affermati di me, pensai a un decalogo, ma ridondavano troppo come binarie tavole della legge. Poi, dato che non esiste migliore accorgimento di porsi in uno stato di apparente dissociazione per osservare un fenomeno, le considerazioni lievitarono in modo considerevole. Ora potrebbero sembrare, a un lettore poco accorto, quasi una naturale estensione in ambito informatico delle Leggi di Murphy, da cui ho cercato assolutamente di deviare e di proporre la mia perizia e competenza, declinandole dalla realtà in fattori esperienziali tutti visti e vissuti sulla mia pelle, oramai diventata coriacea con il tempo.

Spero che queste considerazioni, volutamente scritte in un registro colloquiale, possano servire a veterani come a coloro che timidamente si affacciano a questo ambiente digitale, in quanto mi sono accorto con il trascorrere del tempo che certi malvezzi non si sono estinti, come sarebbe logico aspettarsi, semmai sono peggiorati per diversi e intricati motivi, forse di natura sociologica.

Per mia fortuna sono moderatamente ottimista e credo in un futuro dell'informatizzazione migliore.

Auguro al lettore un cordiale e sentito benvenuto nel mio, a volte magico, informatico mondo.

Milano, venerdì 24 novembre 2017

OM

1. Legge 0° Lo sforzo per introdurre un dato è il medesimo a prescindere da quale supporto si utilizzi; ma se si usa un supporto digitale, con lo stesso sforzo, si ottengono infinite possibilità di elaborazione, estrazione e aggregazione successive.

Potremmo dire che è il break-even-point informatico, ovvero quando conviene introdurre e gestire un dato informaticamente e quando no. Nella maggioranza dei casi conviene gestire un dato quando si presume di doverlo riutilizzare in seguito, magari in un contesto diverso.

Esempio: potrebbe sembrare inutile o controproducente caricare la propria agendina su di un supporto informatico, però il giorno che abbiamo bisogno di effettuare una mailing proprio con quei indirizzi, se non li abbiamo già caricati volta per volta, dobbiamo ridigitarli uno a uno, con conseguente dispiego di tempo, mezzi e energie.

Chiariamo subito un luogo comune: contrariamente a ciò che si pensa, digitare un'informazione su di un supporto informatico non è assolutamente più semplice, né economico e neppure conveniente rispetto ad altri mezzi, diciamo così, convenzionali.

Il cammino informatico è irto di difficoltà e tortuosità e chiunque opera nel settore è pienamente cosciente di cosa intendo esprimere.

Innanzi tutto non sempre sono a disposizione gli strumenti e i programmi atti a poter introdurre i dati. Poi, una volta caricati, spesso mancano i supporti per poter utilizzare convenientemente tutti i medesimi.

Infine, causa obsolescenza, spesso i dati caricati su di un vecchio sistema informatico non son più leggibili o utilizzabili da un altro sistema informatico.

Ciò accade generalmente quando ne si ha maggiormente bisogno.

Ricordo il caso di un archivio storico che digitalizzò, a fatica, tutte le schedine del loro materiale, e salvò il tutto su dischetti da 5,5"... Per poi non trovar più PC che leggessero dischi da 5,5".

Certo che se poi i nostri dati non sono facilmente fruibili, perché sparpagliati su svariati supporti oppure escogitando metodologie diverse da annoverare tra le "creative" senza linearità, complicando ulteriormente le cose, lo scopo un po' si perde, non vi pare?

2. In Informatica non ne capisce niente nessuno.

Mi piacerebbe escludere gli addetti ai lavori, ma purtroppo ho visto tanti di quei casi di cui potrei fornire un'abbondante aneddotica che forse non è corretto porre limiti o innalzare paletti per tale affermazione.

In pratica non credo esista una così robusta parte dell'umana conoscenza, l'informatica in questo caso, che non sia percepibile dai non addetti ai lavori.
Quando si tratta di qualsivoglia materia, anche a suon di esempi, si giunge a semplificare per spiegare qualsiasi concetto e attività. Il tutto con furibondi modelli, similitudini, parallelismi e quant'altro sia concepibile dall'umana fantasia.
In informatica No!

Intendiamoci, uno dei parallelismi più riusciti è quello dell'edilizia, anzi meglio, dell'urbanistica.
Però spesso non basta a spiegare e a far capire il tutto in modo quasi olistico a chi poi deve decidere di investire per le proprie necessità e, in ultima analisi, pagare.

Questo, purtroppo, non è affatto un vantaggio, ma un pesante boomerang che prima o poi, si abbatte paradossalmente sugli addetti ai lavori onesti e professionalmente corretti.

3. In informatica, se non si sta attenti, diventa il Regno delle Supercazzole[1].

Come già detto precedentemente, in pratica, complice la carenza di informazioni degli interlocutori, spesso (e volentieri) l'esperto informatico di turno cade nel vizietto di sparare robuste supercazzole onde giustificare dati, cause e pretesti.

Prima o poi si arriva al dunque, certi esperti informatici di turno svaniscono in una nuvola di zolfo e i successivi verranno vessati **esattamente** come se fossero truffaldini e dovranno dimostrare, puntualmente, il loro leale e spassionato consiglio. Classico esempio di stalla chiusa dopo che i buoi sono scappati.

Questo poi spiega anche come mai cosette tipo l'Education (ovvero spiegare agli utenti come funziona il loro sistema informativo oppure come meglio potenziarlo e poterlo utilizzare) vengano drasticamente tagliate in fase di preventivo, avendo così complicati sistemi informativi più che altro *"subiti"* dagli utenti.

4. In Informatica vince chi arriva per ultimo.

Si dice che se l'aviazione civile avesse avuto le stesse innovazioni al medesimo costo dell'informatica, adesso un Jumbo Jet costerebbe meno di un migliaio di dollari.

E' vero. Se pensiamo ai primi computer utilizzati per scopi di business alla fine degli anni Sessanta e i PC attuali ci accorgiamo che adesso, con un singolo PC, svolgiamo molte più operazioni di quante se ne potessero eseguire con un costosissimo e monumentale mainframe dell'epoca. Questo vale sia per le dimensioni della memoria, sia per la velocità e le potenzialità intrinseche della macchina.

Innanzi tutto penso che dipenda dalla grande fame della domanda. Sin dagli esordi l'oggetto informatico ha subito trovato un terreno fertilissimo, una grande aspettativa da parte del mercato. Il desiderio dello strumento informatico era percepito in diversi contesti come una necessità.

Poi vi era il fatto che solo un particolare settore dell'elettronica era messo in gioco, era così più facile concentrare la ricerca. C'era anche la possibilità di sfruttare gli immensi budget delle industrie militari e aerospaziali americane, visto che la miniaturizzazione e trasportabilità erano prerequisiti essenziali.

Infine era presente anche la grandissima diffusione di quei prodotti tecnologici, che consentivano di poter ammortizzare rapidamente i costi degli investimenti.

Questa crescita esponenziale ha avuto l'effetto di polverizzare i tempi, con conseguenze spiacevoli. Quello che oggi è top della gamma, domani sarà venduto a metà prezzo oppure avrà, allo stesso prezzo, il doppio delle prestazioni,fenomeno riscontrabile in un lasso di tempo di circa diciotto mesi.

Inoltre ha fatto si che proliferasse una corsa alla copia pirata e alla concorrenza più spietata; ogni qual volta veniva immessa sul mercato una novità, interi plotoni di aziende concorrenti non facevano altro che cannibalizzarla, metterne a nudo le caratteristiche intrinseche per poterla riprodurre facilmente; in pratica, intere aziende viventi in una forma di parassitismo, eliminando tutti i costi di ricerca: questo fa si che le aziende fornite di laboratori di ricerca debbano recuperare i costi rapidissimamente e non possano ammortizzarli nel tempo.

E' ovvio che questa spirale di abbattimento dei prezzi non ha ancora raggiunto lo zero assoluto, cioè i PC costano ancora cifre abbastanza significative e non vengono ancora dati di resto dal tabaccaio; però è altrettanto vero che ormai solo le novità si pagano e in modo anche salato.

Inoltre, proprio per una frenesia non presente in altri campi, spesso i nuovi prodotti vengono rilasciati con difetti e tare impensabili, tanto che si possono proprio considerare sperimentali.

Ricorderemo tutti la disavventura dei Pentium[2] che capitò ad INTEL subito dopo la presentazione sul mercato.

Considerato poi che la frequenza degli annunci è sempre molto breve, non si giustifica mai doversi accaparrare l'ultimissima novità. Si avrebbe l'amara conseguenza di trovare, dopo poco, il nostro preziosissimo acquisto notevolmente deprezzato sul mercato.

Come recita l'adagio:

"L'acquisto informatico si obsolescenza[3] nel momento in cui si infila la spina nella presa di casa la prima volta dopo averlo acquistato."[4]

Per cui la mia esperienza è tale da sconsigliare sempre chi vuol prendere gli ultimi modelli di qualunque marchingegno informatico: dato che li troverebbe dopo poco tempo, più a buon mercato.

Conviene investire nella novità solo in caso di attrezzi ben specifici, indispensabili e non sostituibili con altri: ad esempio lo scanner, che può far risparmiare un notevole lavoro di dattilografia.

E' altrettanto vero che c'è da fare un distinguo tra necessità personali e professionali. Un'azienda o un professionista che utilizzano uno strumento informatico possono più facilmente ammortizzare un forte costo a fronte di una maggiore produttività.

Un altro aspetto è la *sindrome dei pionieri*. Non si giustifica mai dover sperimentare sulla propria pelle delle novità che possono avere dei malfunzionamenti; novità, tra l'altro, pagate a caro prezzo. Pensando in modo utilitaristico è meglio lasciarlo fare ad altri , di solito più ricchi e sicuramente più frettolosi di noi e infine beneficiare delle loro tristi esperienze: in seguito troveremo sul mercato un prodotto più collaudato e meno costoso.

Per cui si può dire che in **Informatica vince chi arriva per ultimo**, sia per il rapporto qualità/prezzo, sia per quanto riguarda la maggior qualità del prodotto, come minimo esente da macroscopici errori.

5. L'informatica, per definizione, interviene a meccanizzare qualsivoglia realtà già esistente: per cui deve SEMPRE recuperare il ritardo, spesso senza raggiungerlo mai.

È un po' difficile che un illustre sconosciuto commissioni un sistema informativo completo per un'attività imprenditoriale che **deve** ancora esser avviata. Per cui, conseguentemente, si realizza un sistema informativo **dopo** che l'attività è stata intrapresa, spesso dopo svariati anni.

Oh, intendiamoci, ciò non vuol dire che non ci sia stata prima una qualsiasi struttura informatica. Ma spesso è vetusta, oppure abborracciata, a macchia di leopardo, o peggio non strutturata e correlata tra le parti.

Allora alcuni chiedono di informatizzare nuove attività di cui non si è ancora sicuri che funzioneranno oppure che varrà la pena percorrere (vedi come esempio, l'Ecommerce).

Per cui l'Informatica è - nella mente del profano – **sempre e inesorabilmente in ritardo**.

E bisogna correre, perché intanto il meccanismo aziendale è spietatamente in corso.

Codesto ritardo spesso giustifica decisioni drastiche, addirittura draconiane, a volte con esiti fallimentari.

6. In informatica non funziona mai nulla al primo colpo.

Sembrerebbe una iettatura, ma è così.
Ormai dopo una lunga e consolidata esperienza in tal senso, posso, dal punto di vista informatico, convalidare appieno la famosissima Legge di Murphy:

"Se qualcosa potrà andar male, lo farà". [5]

Infatti c'è sempre qualcosa che va male; per quanti controlli, verifiche, rimaneggiamenti, ripensamenti si possano fare in precedenza, all'atto della partenza salta sempre fuori qualcosa di bloccante e vincolante.
Conviene tenerlo presente e non confidare mai in risultati al primo colpo. Soprattutto quando si ha fretta.

Così facendo si evitano le *ansie da prestazioni* e si affronta serenamente i vari disastri iniziali che, immancabilmente, avvengono.
In genere i "go live" possono essere chiamati, vicendevolmente:

Atterraggi con carrello: quando, incredibilmente, non ci sono grandi disastri... (difficile al primo colpo)
Atterraggi su di un carrello (più normalmente, quando i problemi fioccano)
Atterraggi senza carrello: molto comune, quando non funziona niente!

La cosa che stupisce (e preoccupa) di più gli addetti ai lavori è quando ci si trova davanti a un caso di *atterraggio con carrello*, ovvero quando, apparentemente, sembra andar tutto bene.

Inguaribili pessimisti oppure profondi conoscitori della materia, gli addetti ai lavori paventano guai apocalittici che si manifesteranno a distanza di tempo, quando ormai sarà tutto danneggiato e non si potrà più tornare indietro e bisognerà sistemare le cose a martellate oppure scendendo a compromessi con le forze del caos e della materia, quando ormai il sistema sarà solo un frammento della Terra di Mordor[6].

7. In Informatica l' evidenza sistematica del risultato è inversamente proporzionale allo sforzo impiegato nel conseguirlo.

Questo è tipico nell'immaginario collettivo di tutte quelle cose che sono considerate a vario titolo occulte o che necessitano di un approccio paragonabile a conoscenze esoteriche.

In soldoni significa che modifiche o realizzazioni che spesso strappano cori entusiastici sono costate pochissimo sforzo; d'altro canto realizzazioni estremamente faticose non vengono quasi nemmeno notate.

Questo ha molto a che vedere con il "Paradosso del caminetto" (Vedi) perché spesso l'utente informatico si sofferma solo sulla ciliegina della torta, e ha molto a che vedere con la superficialità intrinseca di quest'epoca, declinata in varie forme, da look a immagine.

Per cui avvengono spesso episodi emblematici, in cui gli addetti ai lavori vengono osannati solo perché scoprono al primo colpo il famoso guasto bloccante, che spesso si riduce (e non esagero) alla spina da inserire nella presa di corrente inavvertitamente staccata dalla squadra incaricata delle pulizie.

Al contempo viene considerato catastrofico un errore di dattilografia presente in una videata, ovvero una vera e propria sciocchezza rimediabile in pochi minuti.

Spesso poi, a fronte di un piccolo errore vincolante, si è propensi a rigettare in blocco il programma, con un lapidario: "Non funziona niente!"[7]

8. La nota proprietà transitiva.

Essa prende spunto da presupposti di questo genere, che ricordano molto la filosofia scolastica: "Con i computer si va sulla Luna, questo è un computer, quindi andiamo sulla Luna. Quando si parte?"
E' inutile fare sofisticati distinguo, ovvero che tra il computer che viene utilizzato in una missione spaziale e un normalissimo PC vi sono almeno tre zeri di differenza, se non altro per quanto riguarda il prezzo di listino.
Invece niente! Il nulla più assoluto! Il potenziale interlocutore rimane l'emblema del nihilismo vivente, con quella faccia ed espressione un po' così da vuoto cosmico.
Le aspettative (e le pretese), sono analoghe.
Ben diversi erano i discorsi all'atto dell'acquisto del computer:
"... ma io non ho bisogno di tutta quella roba lì; io ho bisogno solo di una macchina piccola, che faccia poche cose..."
Poi, appena acquistato, le pretese lievitano in modo inversamente proporzionale al budget.
Così giungono le prime delusioni che, mal gestite, fanno completamente perdere la fiducia nel mezzo. Ovvero, visto che con questo computer non si va sulla Luna, allora è una baracca, ci hanno fregato, quindi dopo poco lo si butta nel cesso e si maledice l'informatica in generale, considerandola una truffa più o meno legalizzata[8].
In tutto ciò, devo ammetterlo, hanno la loro parte di responsabilità i vari videogame. Anche se non espressamente detto, una volta che uno vede girare sul proprio Personal Computer programmini che sfiorano la simulazione più eccelsa, è difficile credere che poi non riesca a fare cose che noi consideriamo banali o quasi primordiali.
Poi, triste a dirsi, c'è anche una certa dose di malafede, generalmente da parte di alcuni e monitorati venditori con pochi scrupoli.

Lasciare sottinteso che con il computer che si sta vendendo si può fare di tutto, compreso fare viaggi astrali, è pericoloso!

E' ovvio però che tale atteggiamento non è sempre e comunque dalla parte dei soli venditori, è sempre condita da una notevole dose di acido pressappochismo e vischiosa leggerezza dell'acquirente, che ha regolarmente poche idee e pure molto confuse.

In pratica è una specie di incontro a mezza strada, tra un pollo e un mefistofelico ipnotizzatore. Il tutto con il sottofondo della vecchia filastrocca: "E sempre sia lodato il fesso che ha pagato..."

Non c'è che dire: fino a che l'informatica è e continuerà a rimanere una scienza novella, sconosciuta ai più, queste cose accadranno con notevole cadenza.

Però non basta rammaricarsene e maledire l'ineluttabilità della sorte.

Bisogna anche ricordare che spesso, nell'ambito professionale e personale, esistono settori in cui si investono cifre spropositate di denaro affidandosi al parere di esperti e invece, in informatica, ciò non accade, pur essendo presenti sul tavolo cifre con tutta probabilità più sostanziose.

Praticamente si investono importi considerevoli ascoltando solo gli sporadici pareri di illustri sconosciuti o di conoscenze occasionali.

Un esempio lampante: a parità di ambienti sociali, chiediamoci quanto si spende in architetti per far arredare l'ufficio o la propria abitazione e quanto invece si investe in consulenti informatici onde riuscire a dipanarsi in quel guazzabuglio di supercazzole in cui spesso si cade quando si acquista un computer?

Chiariamoci subito; lungi da me voler demonizzare i vari architetti e arredatori; tutt'altro! Alcuni professionisti di questa categoria sono certamente dei punti di riferimento della nostra società. Visto però che si investono cifre per cose importanti quali ergonomia, ottimizzazione (che in questo caso vuol dire ottenere il massimo con gli spazi a disposizione), immagine, perché non si investono cifre proporzionalmente anche per cose come quelle informatiche che, risaputamente, alla fine non sono poi così irrilevanti e possono avere effetti notevoli - alla fine dei conti - sui nostri bilanci?

Invece no, neanche a parlarne.

Mentre non si vedrebbe alcuno che si ostinerebbe a voler progettare un edificio interamente da solo o sentendo unicamente i pareri di vari incontri sporadici, notiamo intanto in maniera regolare di coloro che acquistano o impiantano strutture informatiche - soprattutto per scopi professionali - praticamente vagare alla cieca.

Non scordiamoci che a livello professionale le cifre in palio possono arrivare facilmente ai milioni di euro, così come per un appartamento a uso ufficio o per la costruzione di un edificio; per cui l'entità del disastro spesso è rilevante.

In seguito tale esperienza negativa, dovuta a questo incongruente modo di porsi, non fa altro che acutizzare le difese immunitarie dell'acquirente rimasto insoddisfatto o peggio imbrogliato, che mantiene, nei confronti dell'informatica un'opinione comprensibilmente prevenuta.

9. In Informatica chi utilizza non sceglie;

chi sceglie non paga

e chi paga non utilizza né sceglie.

Visto così sembra molto criptica, ma in pratica vuol dire che i vari difetti intrinseci di un prodotto vengono subìti solo da chi li utilizza e spesso neanche capiti da parte di coloro che sono intervenuti nella decisione o approvazione di tale acquisto.

Il tutto perché ogni singola persona tirata in causa utilizza parametri decisionali decisamente diversi e spesso incompatibili tra loro.

Chi **utilizza** si preoccupa prevalentemente della funzionalità e della praticità del tutto, oltre che della velocità. Non possiamo dargli torto, d'altronde, Lui o Lei ha un problema o un lavoro da svolgere e sceglie, possibilmente, ciò che ritiene possa essergli di maggior aiuto nell'esecuzione del proprio operato quotidiano..

Nell'azienda esso è l'utente finale, ovvero chi utilizza manualmente il prodotto informatico.

Chi **sceglie** si occupa o di fattori economici o di aspetti funzionali, spesso mediando tra i due; generalmente non utilizza il prodotto se non marginalmente.

Nell'azienda potrebbe essere il riferente informatico oppure un tecnico. A volte, purtroppo, è invece un amministrativo o una persona del management, con approccio prettamente economicistico più che di gestione dei dati e metadati funzionali.

Spesso è facile sentire echeggiare frasi del tipo: *"Sì, è vero, questo prodotto è migliore, però costa anche il triplo dell'altro; fa anche il triplo?"*.

E' ovvio che esistono valenze economiche in qualunque aspetto aziendale, però è altrettanto ovvio che in informatica, le valenze prettamente economiche possono essere fuorvianti.
Rimane poi chi **paga**: quest'ultimo si preoccupa solo di spendere il meno possibile; tanto non utilizzerà mai lo strumento. Tutt'al più ne utilizzerà i benefici indiretti per scopi decisionali.

10. Il Paradosso del caminetto.

Immaginiamoci un costruttore edile, che arrivi un ipotetico cliente e che chieda il preventivo di un bel caminetto.

Detto fatto, il nostro costruttore si farà in quattro per soddisfare il suo cliente e dopo averlo ascoltato a fondo, gli prospetterà la sua migliore offerta per un bel focolare.

Prima parte della storia, ma adesso vediamo di continuare sul sentiero del paradosso.

A questo punto il cliente se ne esce con la frase sconcertante: *"Ma io la casa non ce l'ho!"*.

A questo punto il nostro costruttore edile si troverà un po' spiazzato e dovrà cucinare un'offerta direi originale: un Tot per il costo del terreno, un Tot per la gettata di una piattaforma in cemento, quindi il caminetto e relativa canna fumaria.

Ovviamente una realizzazione del genere sarà come minimo costosa e verrà fuori una cosa quanto mai inedita. In pratica sarà uno ieratico e triste caminetto piantato in aperta campagna. Certo che se il costruttore è onesto non può che abbozzare quella che poi diventerà una futura costruzione. Anziché una piccola piattaforma di cemento, provvederà a edificare le fondamenta con annesse cantine e tutta la soletta del pianterreno, di dimensioni appropriate; infine provvederà a realizzare la strada di ingresso, a recintarla e via discorrendo.

In pratica si tratterebbe del progetto di una casa, pur ancora in fase primordiale, con solo cantina e pilastri, coperta quanto basta per riparare dalla pioggia il solitario futuro proprietario di casa quando sosterà davanti al famoso caminetto.

Una cosa decisamente bruttina, costosissima, ma pronta per essere implementata fino a divenire una padronale casa di campagna con tanto di troneggiante caminetto all'interno.

Però, a questo punto del nostro carosello, il cliente sbotterà: *"Ma come! Una cifra così esorbitante per un caminetto? Ad un mio amico l'hanno realizzato con una cifra risibile, non codesta. Lei mi sta imbrogliando!"*

Povero cliente. In effetti è in perfetta buona fede. Il suo amico però la graziosa casa di campagna l'aveva già, si era trattato solo di realizzare il già noto caminetto.

Eppure il costruttore è onesto e in perfetta buona fede. Inoltre gli sta facendo un bel lavoro, tale per cui il cliente con il tempo e con altri investimenti potrà incrementare man mano e veder nascere intorno al suo caminetto l'intera casa. Come noterete, una volta edificate per bene le fondamenta, con una robusta soletta è possibile realizzare l'opera poco per volta; l'investimento iniziale non viene sprecato né necessita più di rifacimenti; è propedeutico per una piena realizzazione finale.

E qui finisce il paradosso. Ora iniziano le molteplici considerazioni.

Spesso i vari compratori si soffermano solo sui prodotti finali, senza considerare i diversi e necessari prerequisiti atti a ottenerli.

Gli esempi sono davvero tanti, c'è solo l'imbarazzo della scelta. Quante volte si chiedono statistiche dettagliate su acquisizioni di dati nemmeno gestite dal sistema informatico, oppure particolari estrazioni per controlli di gestione, possibilmente senza aver nemmeno mai visto un dettaglio di costi o ricavi, senza contare poi tutte quelle varie realizzazioni fantascientifiche che sfiorano l'intelligenza artificiale più sofisticata o l'utilizzo di strumenti d'uso comune solo presso la NASA.

Il problema è tutto qui.

Dell'Informatica la gente vede prevalentemente i comignoli, le guglie, le facciate e i tetti. Come se tutti volassero su di un satellite o su di un velocissimo aereo a reazione e sbirciassero distrattamente il panorama sottostante dal finestrino.

Invece noi tutti sappiamo che per poter mettere un comignolo occorre un tetto e il tetto viene posto, in genere, sulle case. E le case devono poggiare su solidi e robusti basamenti.

Chiaro, no! Tutto qua! Niente di trascendentale.

Eppure questo semplice concetto rimane ostico nell'immaginario informatico dell'imprenditore comune.

11. In Informatica, quando uno dice che "E' facile..." cominciano i veri guai.

Forse perché facile lo è solo quando si è addentrati nel problema.

Oppure perché non lo è **mai**!

E' inutile, in informatica o *"ci si è o non ci si é"*.

Voglio dire che in qualunque altro campo, pur essendo farcitamente tecnico, dopo un po', a suon di esempi, similitudini e parallelismi, si riesce a gettare luce su qualunque argomento, o come minimo, a capirsi.

In informatica no, purtroppo questo non avviene.

Per cui dopo un po' si crea una barriera invisibile: quella dell'*umana incomprensione*; se si oltrepassa questo ostacolo tutto diventa abbastanza chiaro, altrimenti rimanendo all'incrocio dei pali si rimane vittime di supercazzole o misticheggianti fumose spiegazioni.

Favorisce l'incomprensione tutto quel guazzabuglio di acronimi, storpiature, inglesismi, termini tecnici, che rendono una conversazione tra addetti ai lavori quasi una conversazione in codice, assolutamente inintelligibile al mondo esterno e grande gioia dei linguisti che dedicano anni di studio agli aspetti diastratici di un idioma.

D'altronde, lo abbiamo già detto, l'informatica è una scienza novella. Per cui si evolve con tempi così veloci da non riuscire ad avere uno standard consolidato, tanto meno lessicali: ovvero le stesse cose vengono definite con termini diversi, spesso utilizzando acronimi o abbreviazioni di termini inglesi. Oppure orrende traslitterazioni di termini inglesi in italiano, con risultati atroci dal punto di vista lessicale. (*deletare*[9], *blincare*[10], *sbianchettare*[11], *zippare*[12], *cliccare*[13], *postare*[14], *bloggare*[15] *e via di seguito.*)

Per cui spesso è abbastanza arduo sciorinare un qualcosa inerente l'informatica, ed è per questo che le spiegazioni che vengono precedute dal famigerato prefisso, "*...E' facile*", spesso non lo sono per nulla; proprio perché presuppongono dettagliate e complicate spiegazioni tecniche.

Devo anche ammettere che solo recentemente i programmi, soprattutto quelli su PC, stanno diventando davvero *utente oriented*, ovvero stanno diventando un po' più semplici da capire.

Però c'è ancora molta strada da percorrere. Il motivo di questa evoluzione è sempre legato alle risorse in fase di sistemazione: più un computer è veloce significa oggettivamente che ha a disposizione maggiori risorse, più i programmi possono essere gestiti mediante comandi semplici, grafici intuitivi, ben esplicati e che al loro interno covano procedure magari molto articolate. Per cui, più si avranno risorse informatiche a basso prezzo a disposizione, più si otterranno programmi che eseguono operazioni complesse con pochi comandi elementari.

Si veda, per esempio, l'impatto che ha avuto il Mouse e l'intera *rivoluzione copernicana*[16] che ha prodotto. Per non parlare del Touchscreen[17] et similia.

12. In Informatica, dopo il primo quarto d'ora, qualunque hardware è sempre troppo lento.

Proprio vero. Sicuramente perché la velocità di risposta di qualunque marchingegno informatico è sempre più lenta della velocità del pensiero, nostro principale metro di paragone.
In gergo è denominato "ritardo zero".
Nel tempo i programmi eseguono molte più funzioni che corrispondono a un maggior numero di operazioni, per cui abbiamo bisogno di sempre maggior velocità. È per questo che dopo il primo quarto d'ora che segue l'installazione di un hardware più potente rispetto al precedente, ci si assuefa e non notiamo più i benefici.
Questo vale per qualsiasi componente hardware: sia principale, quali i microprocessori o la memoria, sia periferiche, quali dischi o supporti magnetico-ottici.
D'altronde, pur come al solito con minore velocità di rivoluzione, ciò vale anche per il mercato automobilistico; negli anni Sessanta Gianni Morandi cantava:

"... andavo a cento all'ora per vedere la bimba mia..."

Presupponendo nell'immaginario popolare chissà quale record su strada. Adesso tale velocità la raggiungono tutte, ma proprio tutte le auto e la consideriamo una velocità quasi irrisoria. C'è anche da dire che su un'autovettura degli anni '60, superare i cento chilometri orari, visti i minori parametri di sicurezza e strade meno idonee, poteva essere considerata un'impresa. Ora si avrebbe l'impressione di stare quasi fermi.

Come al solito, il problema è sempre circoscritto: se il campo automobilistico avesse avuto lo stesso impulso dell'informatica si sarebbe aumentata la velocità di crociera di ogni autovettura di un buon 10% annuo, adesso sulle nostre strade si viaggerebbe almeno a Mach 1. Infrangendo così il muro del suono.

13. Gli errori si dimezzano con il tempo.

Ovvero: il 50% degli errori si trovano, nel primo periodo. Il rimanente 25% nel secondo periodo e via sino al paradosso di Zenone[18].

Questo vale prevalentemente per i progetti informatici.

Non si può pretendere che partano scevri da qualsivoglia problema. Man mano che vengono scoperti, gli orrori ed errori vengono eliminati, ottenendo un prodotto vicino alla perfezione e quantomeno più funzionale e libero da vizi di forma.

Per cui bisogna mettere in preventivo un periodo di rodaggio più o meno lungo a seconda della complessità della tematica trattata.

Il perché qualunque progetto sia farcito di errori e problemi vari è facile intuirlo: innanzi tutto la fallace indole umana è facilmente preda di abbagli e omissioni; poi spesso i progetti vengono pensati molto tempo prima della messa in esercizio e questo fa si che nell'arco temporale ci sia stata un'evoluzione congenita, che bisogna rincorrere successivamente, visto che si progettano sempre applicazioni che seguono fedelmente procedure più o meno manuali già consolidate da tempo. Per cui si arriva sempre in ritardo, spesso di mesi, in alcuni casi anche di anni. E' molto facile individuare che le situazioni si siano evolute nello spazio cibernetico.

Questa è l'importanza dell'analisi informatica: prevedere le eccezioni e gli sviluppi futuri, senza dover per questo ricorrere alle varie branche della "manzia[19]" dal *mouse alchemico*, ma lasciando aperte il maggior numero di strade che si potranno poi percorrere in futuro.

14. A cosa serve? Non lo so: però è bellissimo!

Possiamo pur dire che si tratta della *sindrome del gadget elettronico*. Ovvero, acquistare qualcosa di assolutamente inutile ma altamente tecnologizzato, proprio perché tale.

Vista così è uno dei fondamenti del marketing, però in informatica fa si che si sbattano via una quantità impressionante di denaro in cose inutili o poco funzionali.

Ricordo che allo SMAU del 1994 era esposto un programma che, previo l'installazione di una scheda sound-blaster e le apposite casse acustiche, provvedeva a simulare a video la facciata di una radio e miracolo della scienza e della tecnica, provvedeva a trasmettere musica. Tale scheda aggiuntiva era in pratica un ricevitore di onde radio, un apparecchio radiofonico a tutti gli effetti.

Peccato che costasse non meno di novecentomila lire e tenendo presente che per quella cifra si acquistava non una radio ma un intero HI-FI di marca prestigiosa - casse incluse - possiamo proprio dire che fosse il tipico Gadget elettronico, per di più a caro prezzo.

Ovviamente tutto questo non fa che far leva sul latente complesso di inferiorità che cova sotto a ogni utente non adeguatamente informatizzato, che non capendo un byte, cerca di porvi rimedio impadronendosi di tecnologia spendendo.

E questo fa si che acquisti cose di cui non solo non servano, ma di cui nemmeno comprenda l'uso reale, se non in modo approssimativo.

15. In Informatica prima si acquista un aggeggio, poi si pensa a come utilizzarlo.

Sembra il solito paradosso, ma è proprio così.

In pratica ogni utente non addetto ai lavori soffre, come già detto, di un latente complesso d'inferiorità, che fa si che si scambi un PC in una specie di HAL 9000 il computer parlante e pensante del film di Stanley Kubrick "2001, Odissea nello spazio" che, se non impazzisce, possa parlare, agire e risolvere tutti i nostri problemi, anche quelli neurofunzionali, sarebbe il transfert perfetto per gli affetti da Gigadipendenze.

Un qualcosa degno dei testi letterari di fantascienza.

Per cui, applicando la ben nota proprietà transitiva, si ha una vaga idea di quello che possa fare il singolo PC, si ha un'altra sia pur vaga idea di ciò che fanno i Computer in genere e si procede all'acquisto.

Per poi tornare a casa e scoprire, in fondo in fondo, che non si ha nessuna idea di come utilizzarlo.

Certo, costruttori e venditori fanno leva su argomentazioni tipo *creatività, produttività*, ma nella migliore delle ipotesi viene usato per giochicchiare smanettando un joystick e basta.

Fatto sta che una delle applicazioni che hanno avuto il maggior incremento, sin a raggiungere livelli eccelsi, sono proprio i videogiochi.

Tanto per fare un esempio un amico mi faceva notare che uno dei giochini più vecchi e famosi, "Fly simulator", è in pratica un vero e proprio simulatore di volo, nel senso che se non si sa pilotare in maniera corretta non va. Come si suol dire *non decolla*.

Ho avuto modo di vederlo e posso assicurarvi che non è più un giochino, è un programma a tutti gli effetti. Basti solo dire che nel manuale d'uso, rigorosamente in inglese, sono addirittura riportare le mappe delle piste dei principali aeroporti americani. Che ovviamente bisogna studiare approfonditamente.

Alla faccia del bicarbonato di sodio!

Per cui non stento a credere che tali programmini richiedano sempre e comunque il massimo delle risorse dei più grandi PC presenti sul mercato.

Già, infatti; la realtà è che per i programmi gestionali siamo arrivati al punto che fatto salvo che per la velocità, non necessitano di tutti quegli accessori e giochini che esigono i PC di casa. Viceversa le maggiori risorse indispensabili ai computer di casa, generalmente utilizzate per i passatempi.

E per questo che ormai, come diceva con molto cinismo un mio ex collega:

"Ormai, se sul tuo PC non hai tutto quello che hai nel tuo HI-FI di casa, sei un cilindro fecale".

16. Dato ridondato, disastro assicurato.

Per dato ridondato si intende un dato posto su due (o più) supporti fisici diversi e come tale accessibile, vicendevolmente a programmi o dati di supporto.

Tipico il caso di transazione multiutente in cui due o più utenti possono accedervi e modificarlo.

I Sistemi Informativi, si spera, sono adusi a casi consimili e così prevedono appositi meccanismi tali per cui le visualizzazioni siano multiple, ma le modifiche possono essere eseguibili una alla volta. Questo avviene quando il dato giace su di un unico supporto.

Ma quando il dato, eccetto che per i salvataggi dove per definizione, non sia accessibile direttamente se non dietro rigoroso controllo medico, è sparpagliato su più fronti non si sa più cosa sia nuovo e cosa è vecchio correndo il rischio di far tragici errori, non ultimo le complesse *"Operazioni Penelope"* ovvero tessere complicate elaborazioni, per poi sfrangiarle e doverle rifare daccapo.

Ciò è tipico nelle realizzazioni peculiari degli utenti, ovvero quelli che definirei hobbisti , che risolvono semplicemente gli stati di avanzamento di un lavoro copiando intere tabelle o database, così che gli aggiornamenti, soprattutto se si riferiscono a dati pregressi, andrebbero correttamente effettuati su più archivi.

Ma, più propriamente, prima dell'avvento della rete e dei sistemi di archiviazione di tipo "Cloud", dove il dato era in un solo posto, praticamente nella rete, sia pur con metodologie di accesso controllate (forse...) quando avevamo tutta una serie di dati sul PC dell'ufficio che, tornando a casa, volevamo avere per continuare a gestire il lavoro tra le nostre fatidiche quattro mura. Ovvio che in caso di PC portatile il problema non si pone (nasce, però, caldo e cocente quello dei salvataggi di back-up, cfr *"Dato NON salvato è un dato perso! Sui salvataggi NON si transige!"*) ma in altri casi il pasticcio o il disastro è dietro l'angolo.

Tipico nel caso di agende su cui prendere o consultare appuntamenti: si segna un appuntamento su di **una** agenda e poi NON si sincronizzano tutti i vari file sparpagliati su tutti i vari supporti (PC portatile, PC ufficio, PC a casa, Rete, Tablet, Smartphone) e così è facile saltare un appuntamento, magari anche importante...

La Rete e la condivisione dei dati e dei programmi ci stanno venendo incontro (a patto di saperli usare, di prender apposite precauzioni, in cui venga garantita la riservatezza e l'integrità dei dati) però è **bene** impiantare un metodo che prevenga ridondanze e relativi disastri.

17. L'Informatica distribuita è DIVERSA da informatica sparpagliata.

Come ho trovato ben spiegato nel testo in rete "Appunti sui Sistemi Informativi" di Stefano Invernizzi[20] la validità dei Sistemi Informatici distribuiti sta nel fatto che con più sistemi articolati si possono ottenere risparmi e contemporaneamente, maggiore potenza di calcolo (e quindi risposte più veloci) a costi inferiori.

Però bisogna esserne capaci, considerando la necessità di un'autocritica che riesca a prevedere, gestire e pianificare tutti i possibili interscambi.

Questo per quanto riguarda le Teorie dei Massimi Sistemi (Informatici).

Per quanto riguarda noialtri, usare più marchingegni contemporaneamente, non connetterli o sincronizzarli può procurare sangue, sudore, lacrime e merda, almeno per quanto riguarda il mondo digitale.

Avere sistemi che **non** si parlano, se non *"a babbo morto"*, a esempio scattare foto su di un cellulare e doversele spedire allegate a una mail solo per poterla poi utilizzare dal Personal (di casa o ufficio) può procurare disagi, disallineamenti, ridondanze, perdite di dati, insomma fatiche superflue.

Si può a volte si **deve** distribuire l'informatica e i dati connessi. Però ribadisco la capacità di operare in tal senso, ben consci che occorre essere più bravi che nel caso dell'Informatica Centralizzata, ovvero "tutto-dentro-lì".

18. Dato NON salvato è un dato perso! Sui salvataggi NON si transige!

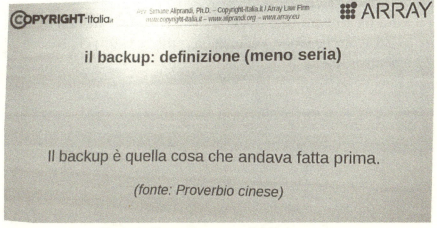

Figura 1 - Da un intervento su Facebook.

Francamente in questo caso sposo appieno le parole del grande Vate, Francesco Guccini: *"È difficile capire se non hai capito già."* [21]

Se NON vi è MAI capitato di perdere un supporto informatico, ormai qualunque cosa che venga alimentata a corrente elettrica, dal cellulare, alla macchina fotografica, dal PC al lettore di MP3, con disco fisso interno o esterno, allora, per una questione di probabilità il problema si porrà. Non desidero con questo ottenere la patente di iettatore di pirandelliana memoria, è solo una questione di senso compiuto.

E state pur tranquilli – dovesse mai succedere - che piangerete lacrime amare.

Per cui, date retta a un pirla come direbbero a Milano: **SALVATE TUTTO CIO' CHE POSSA POI TORNARE UTILE.**
Come, chi, dove, quando e perché lo deciderete voi.
Ma salvate!
Perché avere un dato, file in un'unica copia è come non averlo...

A tal fatta ho trovato uno degli ennesimi esempi in una bella serie televisiva, The Good Wife, nella puntata 6x05 [117   5
      "Shiny Objects"][22]

19. Uno dei migliori metodi per informatizzare è farlo due volte!

Può sembrare un paradosso o un'inutile operazione, ma visto che spesso e volentieri (leggasi SEMPRE) la gestazione di un sistema informativo, o una sua parte, avviene attraverso mediazioni, scoperte successive, adeguamenti a un mercato che si evolve con maggiore velocità di qualsivoglia struttura aziendale, a questo punto le possibilità sono due: o si era fissato un capitolato inoppugnabile e così ora della fine si è realizzata un'opera già superata dagli eventi, oppure a suon di "varianti d'opera in corso" si è giunti a certi "accrocchi" o "mastruzzi" che insultano qualsivoglia intelligenza umana.

In tal caso, certi di aver un'idea più chiara del risultato finale e dei percorsi per ottenerlo, converrebbe pianificare sin dall'inizio di realizzare un'opera brutale (ma funzionante) e poi rifarla ex novo, alla luce di tutte le esperienze acquisite.

A tal fatta Vedi "PRIMA la soluzione, brutale che funziona. poi si fanno i "Fiorellini", come da "Manifesto AGILE"[23].

20. Per certi versi sposo e sottoscrivo appieno il "Manifesto AGILE"[24]

Trovo sia abbastanza inutile e controproducente pianificare complessi Sistemi Informativi sino all'ultima virgola, spendendo tempi e risorse degne della costruzione di una piramide, per realizzare (se va bene) una cosa che nasce vecchia e spesso superata dagli eventi.

Visto che in Informatica, come abbiamo notato, gli esempi architettonici sono i più calzanti, basti sapere che la cara vecchia Stazione Centrale di Milano è stata una gestazione cominciata nel 1906 sino alla realizzazione del 1930. Affermare che sia nata leggermente vecchia al momento della posa della prima pietra (ca- 1924) ed un poco sottodimensionata il giorno dell'inaugurazione mi pare corretto.[25]

Tra l'altro, come diremo in seguito, (Vedi "In informatica un anno vale come dieci.") il gap tra il progetto e la realizzazione può essere nel frattempo diventato incolmabile vista la velocità con cui le novità informatiche (siano esse HW o SW) fioccano.

Per cui, previo aver le idee chiarissime su cosa si vuole, il metodo migliore è procedere, anche tagliando angoli, prendendo scorciatoie e "scorciando anguille[26]".

Alle luce **non** solo delle effettive necessità dell'Utente, suffragate dai fatti (spesso tutt'altra cosa rispetto a quelle pensate all'inizio) ma anche rispetto ai percorsi e novità tecnologiche emerse, si può pensare di poter riprogettare e realizzare il tutto ex novo, soffermandosi sui particolari e scegliendo soluzioni anche più costose e congrue.

Provare per credere!

21. *Prima* la soluzione *brutale* che funziona. *Poi* si fanno i "fiorellini".

Potrebbe sembrare una ripetizione del punto precedente (Vedi *"Uno dei migliori metodi per informatizzare è farlo due volte!"*) ma in realtà è da applicare anche a soluzioni più spicce e banali, quali la realizzazione di un certo risultato. Esempio in un foglio Excel, oppure ogni qual volta capita di incaponirci su qualcosa che ha a che fare con l'Informatica in generale.

È inutile perder tempo a cercare di quadrare il cerchio impiantando, sin da subito, formalismi o ottimizzazioni che spesso fanno impantanare prima ancora di poter pensare a risolvere il problema.

Per cui **prima** puntar dritto al risultato, più o meno con qualunque mezzo (lecito, of course). **Poi** metterlo in bella, effettuando ottimizzazioni, riempiendo nidificazioni, curando gli estetismi et similia.

Anche perché spesso e volentieri accade di **non** riuscire a concludere in tempo utile e a **non** fornire un risultato (spesso banale) solo perché si è persa una barca di tempo per cercare di realizzare una soluzione **bella** quando magari serviva solo un adeguato successo.

22. Indietro non si torna!

Smontare un sistema informativo per sostituirlo con uno che ha **meno** funzionalità dal precedente è semplicemente una cagata pazzesca come direbbero dalle mie parti![27].

Anche se fatto in nome di arzigogolate regole coloniali dettate da case madre che hanno testé acquistato nuove società.

Tornereste voi a mettervi sulla scrivania esclusivamente un vecchio telefono a rotella?

23. L'education non è una voce su cui si possa o debba risparmiare.

Investire soldi (spesso parecchi) per un programma, sistema informativo, o qualsivoglia risorsa che sia digitale **lesinando** sull'addestramento è una logica miope e alla lunga controproducente nonché deleteria.

Non solo perché non si sfrutta appieno l'installazione, ma ora della fine si finisce per perdere una barca di tempo per cercare di infilare i famosi "cavicchi tondi in buchi quadri", ovvero malvezzi, storture, usi distorti, a volte anche errati. Verrebbe da chiedersi: perché ti sei preso la super fuoriserie se poi non la sai usare?

Il tutto perché, in fase di preventivo, appena si è vista la copiosa e corposa voce "education" si è provveduto a tagliare, spesso brutalmente e senza pietà, il relativo esponente.

"Tanto a cosa serve... il programma fa già tutto da solo... Basta schiacciare un bottone..."

Spesso si taglia su ciò che si crede di capire, lasciando inalterati altri aspetti, pervasi dal terrore di segare il ramo su cui si è seduti. Per cui su altre voci, peraltro incomprensibili ai più, oppure regolate da precisi vincoli legali, non si può intervenire per cui si sminuzza e lesina proprio sull'education, che spesso è l'unica voce che l'acquirente pensa di comprendere , utilizzando stereotipate frasi cordialmente becere del tipo *"Tanto noi siamo bravissimi e impariamo velocemente"*.

Un po' come se si volesse acquistare un aereo o un elicottero, si desiderasse (giustamente) pilotarlo da soli e si lesinasse sui corsi di volo.

24. In informatica ci sono sempre almeno un paio di modi (se non di più) per ottenere il medesimo risultato.

L'esempio più banale è in ambito Windows dove, per effettuare l'operazione di "taglia" si può usare la voce dell'apposito menù, oppure la combinazione di tasti "Ctrl X". Ma in tutti gli altri casi, spesso e volentieri, per ottenere un risultato, le possibilità sono più di una, utilizzando a volte percorsi o ambiti diversi.

Probabilmente perché man mano che giungono nuove idee si provvede a effettuare scorciatoie o altri metodi di ripiego e si guarda bene dal cancellare o rimuovere i vecchi, sia perché qualcuno si era abituato, sia perché si "scasserebbero" ormai arzigogolate architetture.

L'importante è che si possa fare! Poco importa se con più modalità, oppure accedendovi da parti diverse.

25. In informatica le medesime cose vengono spesso definite in modi diversi.

Qua, contrariamente alla legge precedente, non si parla di modalità operative, ma proprio di termini.

E, sinceramente, non capisco il perché.

E, temo proprio, che sia un'artata metodologia per spargere un nuvola di fumo (o di Supercazzole) onde prevenire o zittire eventuali domande facendo leva sul già descritto soffuso complesso di inferiorità che spesso circonda l'Informatica in generale.

Per cui, sinceramente, consiglio a tutti di interrompere chi produce termini anglo-italiani fumosi con un preciso "cosa significa"?. Ed ad ogni risposta, rispondere con un "Ah, ovvero ...." Citando il termine conosciuto. Dopo due o tre domande e risposte azzeccate spero che l'interlocutore la smetta.

Oppure provvederà, ironicamente e bonariamente, a tradurli ogni volta.

E, nel caso in cui siate, come si suol dire, "con il libretto degli assegni dalla parte del manico" ovvero sia i Clienti, magari prima o poi smetteranno di usare termini nuovi per cose vecchie.

26. In informatica un anno vale come dieci.

Ciò ha molto a che fare con la "Legge di Moore" (vedi)
Il che vuol dire che se la nostra automobile, dopo dieci anni, è solo un po' vecchiotta, il nostro PC, invece, è decrepito, superato dagli eventi, sia dal punto di vista tecnologico sia dal punto di vista funzionale. E' un pezzo da museo figlio di un'altra epoca.
Un po' come una macchina a vapore!

27. Anche in informatica vige il peccato originale.

Sostanzialmente, se suggerite, consigliate, procurate un qualsivoglia marchingegno che abbia a che fare con l'Informatica, sia esso un parere o consiglio in merito ad Hardware, Software, Firmware o porzione di esso, in caso di guasto, malfunzionamento, anomalie, anche a distanza di anni, sarà inevitabilmente colpa vostra e ne sarete responsabile per **sempre**!

Sia esso per il tutto o solo una parte, quasi assimilabile a una figura retorica. Credo che derivi dall'umano vezzo tal per cui:

"… in caso di problema l'importante è trovare un colpevole."[28]

E così quando qualsivoglia diavoleria si guasta, anziché recriminare sulla fallacità delle cose umane, si preferisce trovare Azazel: il capro espiatorio, ovvero chi lo suggerì, consigliò, ebbe a che fare con la vendita.

28. In Informatica bisogna far molta attenzione al "Già che ci siamo…"

In pratica i progetti informatici sono spesso lunghi, complessi e onerosi. Intanto il mondo si evolve, spesso a una velocità di Parsec[29].

Per cui, in fase di realizzazione, si giunge a scelte, decisioni che a fronte di un piccolo esborso in più, risolvono problematiche considerate inizialmente troppo onerose da realizzare, oppure nemmeno considerate.

È scontato che così facendo, a suon di piccole cifre in più, è facile sforare qualunque budget spesso nell'ordine di multipli.

29. "Il nostro è un mercato particolare".

Non è vero!

A prescindere che avrei desiderato avere una ghinea per ogni qual volta che ho sentito questa frase, la triste verità è che il mercato è abbastanza comune e standardizzato.

Lungi da me voler dire che sui mercati prodotti siano tutti uguali.

Questo non lo penso. Ogni singolo prodotto, componente, ha le sue ben precise caratteristiche. Ma ciò non toglie che venga prodotto, immagazzinato e gestito come tutti gli altri analoghi.

Quello che è **davvero** particolare è la piena soddisfazione del cliente, prodotto per prodotto. Questo aspetto è realmente da porre in risalto.

Sia per usi e consuetudini, sia perché sarebbe troppo costoso mettersi a cambiare o standardizzare le trattative, le abitudini o anche solo le unità di misura, le modalità di vendita ai clienti cambiano di tipologia di prodotto in tipologia di prodotto.

Quando appaiono regole fosche e complicate vuol dire che ben celata cova la "magagna", ovvero il metodo per poter abbindolare la concorrenza (per pochi istanti) e la clientela.

Essere sempre chiari, franchi, espliciti, limpidi da ambo le parti è un punto di forza, alla fine sulle lunghe distanze rimane sempre un comportamento vincente.

Per cui quando sento dire, con aria grave dal pathos tenebroso, quasi da mistero, che *"Il vostro è un mercato particolare."* assume una tonalità stridente per un udito aduso alle sale da concerto.

Un po' perché lo dicono tutti (e allora qual è il mercato standard?) ma soprattutto perché in caso di uniformità, cosa sempre più possibile in un ambito globalizzato, poco per volta certi "altarini" appaiono in tutto il loro ridicolo, con conseguente caduta di immagine professionale.

E in modo fisiologico, quasi darwinianamente questo genere di operatori si estingue.

30. La sindrome del "punto di non ritorno".

In marina e aviazione militare il "Punto di non ritorno" (PNR - Point of no return)[30] ovvero la metà dell'autonomia, tale per cui se dovesse essere superato, si ha la certezza di finire il propellente e non poter più tornare indietro.

La metafora è regolarmente usata per definire un limite oltre al quale o si ritorna - presumibilmente ci si arrende - oppure bisogna andar avanti a tutti i costi.

Spesso si notano progetti informatici, nati male e continuati peggio, che giunti a un certo limite fanno scaturire, se non la domanda, almeno il dubbio se, per caso, non c'è qualcosa che non vada.

Insomma, si farebbe prima ad ammettere che il flop sia stato di proporzioni epiche e converrebbe buttare tutto e ricominciare daccapo fissando meglio i presupposti e i desiderata.

Per far ciò occorre innanzi tutto ammettere di aver fatto qualche solenne piccolo *errore*. Diciamo pure una colossale *kazzata*, eufemisticamente parlando, e che nessuno si sia accorto in tempo utile che tutto il progetto è deragliato e che si sono sbattuti via, sino a quel momento, una quantità di denaro e sforzi umani spesso imponenti.

Così facendo si riconoscerebbero ammissioni di responsabilità e incompetenze che, spesso, costerebbero metaforicamente la testa dei vari responsabili.

Al che, approfittando anche del fatto che *"in informatica non ci capisce niente nessuno"*, soprattutto i committenti, si perdura nell'errore, inesorabilmente. Come si usa dire nel mondo dello spettacolo: *"The show must go on"*

Si continua, come meglio preferite, nel progetto "Waterloo" o "Caporetto" mettendoci delle pezze e martellando assiduamente, aspettando rinforzi che non giungono mai, per ottenere un risultato a malapena accettabile, lasciando in eredità a interi plotoni di addetti ai lavori (dovendo intervenire su tali progetti per modificarne gli aspetti qualitativi e quantitativi, trovano situazioni irreali al limite del credibile) condizioni che rasentano l'assurdo, senza capire con esattezza cosa abbia generato queste logiche perverse.

Spesso, in questi casi, sarà utile che le entità non debbano essere moltiplicate senza necessità, mi riferisco al buon vecchio e sempre utile Rasoio di Occam[31] che aiuta a dipanare questo genere di problemi. Se sembra una immane stronzata, se dovesse sembrare completamente inutile è facile che lo sia, senza considerare che in agguato non covi chissà quale geniale pensata di "mastruzzo" retrostante.

31. La sindrome di Stanlio e Ollio.[32]

Mitica frase del film: "Stanlio & Ollio teste dure - Vent'anni dopo": "Perché non me l'hai detto? Perché non me lo hai chiesto!"

Molto banalmente:
Quando a metà (se non oltre) di una realizzazione ci si accorge di un particolare che cambia, un epocale mutamento – praticamente - sono state miscelate nuovamente le carte del nostro gioco di società.

Un po' come se si fosse commissionato una grande nave e a metà dell'opera si aggiungesse - con quel senso di sufficienza ormai scontato - che ovviamente il transatlantico debba andar anche sott'acqua!

Questo costringe delle mirabolanti soluzioni (dette in gergo anche "mastruzzi") tali per cui è già un miracolo che ora della fine, la nave navighi. Figuriamoci andar sott'acqua!

Ricordo, tra le altre cose, la meccanizzazione di un'azienda lasciando poi sottinteso (per non dire segreto) l'idea di volersi a breve quotare in Borsa, il che implica tutta una serie di obblighi e considerazioni che è **bene** sapere prima e non durante o peggio dopo la realizzazione ormai quasi avviata a conclusione di un progetto.

32. Di informatica non è mai morto nessuno.

Frase da annoverare nello stupidario e apparentemente senza senso.

La citava un responsabile in una delle svariate aziende dove ho prestato la mia opera professionale dal mio punto di vista con uno scarso ritorno economico.

Costui intendeva che tutto sommato, l'Informatica non era poi così vitale e in caso di carenze, insuccessi e malfunzionamenti, non ci sarebbero poi state conseguenze letali ed esiziali.

Forse vent'anni fa poteva avere una sua ragione, però scordava le valanghe di banconote che regolarmente venivano sprecate.

33. I saldi negativi di magazzino sono come denti cariati: o li si cura o li si estirpa o li si ricopre d'oro (nel senso che costano, poi, un badaluffo di soldi)

Ho notato che sfugge ai più il concetto di Saldi di Magazzino "rossi" oppure "sottozero" oppure "negativi".
Per quanto riguarda il conto corrente il concetto è chiarissimo, se io prelevo, spendo, dispongo di più soldi di quanti ne ho in banca, (e la banca me lo concede benignamente) allora abbiamo un "saldo in rosso".

Ma per un magazzino? Apparentemente, dovrebbe avere **solo** e **esclusivamente** saldi di merce, fisicamente esistente, come è possibile prelevare, disporre di merce che ai fini del sistema informativo, non esiste?

Ovviamente stiamo parlando di saldi presenti **solo** a sistema informativo. Previo concorrere **immediatamente** a un Nobel per la Fisica, trovo abbastanza improbabile, ora, che si possano ottenere, fisicamente, dei "buchi di antimateria" pari ai materiali mancanti.
Però, da un punto di vista informatico (e contabile) ciò è possibile. Almeno, può sussistere attraverso una ben determinata logica.
Generalmente per motivi cronologici.

Ovvio, se per motivazioni varie si sta ritardando il caricamento di merci in magazzino, ma contemporaneamente si sta utilizzando il medesimo, avremo magari per un breve periodo di tempo, uno scarico (che in caso di rottura di stock presenta il saldo di magazzino sotto-zero o negativo) senza il relativo carico.

Oppure, causa un certo qual affollamento di Tipi Magazzino (detti anche virtuali) poniamo il materiale in uno di essi e lo preleviamo da un altro, considerando che non abbia giacenze.

E fin qua tutto apparentemente bene. Essendo solo un problema cronologico, prima o poi verrà sistemato con il tempo...

Invece, quando ciò non accade, vuol dire che qualche cosa non sta funzionando.

Al che occorre iniziare delle vere e proprie indagini, corroborate da ricordi, indizi, disamine attentissime e ricerche approfondite.

Per poi scoprire uno "schema", ovvero c'è qualcosa che non va o nell'Education oppure nella Procedura, ossia la corretta metodologia di utilizzo, nella corretta serie di operazioni.

La cosa però importante è che un saldo negativo è un sintomo, invero anche pericoloso, di un malfunzionamento della procedura.

Al che, in presenza di uno (o più) saldo negativo, come per un dente cariato, occorre:

Curarlo: esaminare esattamente il motivo, con relativa indagine, onde evitare che ciò possa accadere.

Estrarlo: ovvero rimuoverlo brutalmente, senza indagine, facendo un movimento opposto e contrario, ma tralasciando così il vero problema, che si ripresenterà immancabilmente, sul genere il destino che bussa alla porta, come se fosse l'inizio della V Sinfonia di Ludwig von Beethoven nella variante Bee Gees. Così tra un file e l'altro continuiamo a danzare!

Oppure ricoprirlo d'oro: ovvero **non** far nulla, lasciarli proliferare, aumenteranno sempre di più, sino ad arrivare all'anarchia totale del magazzino tal per cui ogni qual volta si interrogherà un saldo non si avranno evidenze, ma presunzioni di risposte, e toccherà andar a vagare fisicamente in magazzino, pallottoliere alla mano, per ottenere certezze... Con notevole dispendio di tempo, energia e conseguenti enormi costi gestionali.

Non oso ripetervi in questo caso tutte le espressive varianti che ho udito nella colorita italica favella durante la pratica del *Lancio del Moccolo,* argomento che potrebbe essere annoverato tra le responsabilità sociali dell'impresa!

34. Mai smentita fino a ora: la Legge di Moore.

Brevemente: Gordon Moore afferma che le prestazioni dei microprocessori raddoppiano ogni 18 mesi[33].[34]

"Nel 1965, Moore ipotizzò che le prestazioni dei microprocessori sarebbero raddoppiate ogni 12 mesi circa. Nel 1975 questa previsione si rivelò corretta e prima della fine del decennio i tempi si allungarono a due anni, periodo che rimarrà valido per tutti gli anni ottanta. La legge, che verrà estesa per tutti gli anni novanta e resterà valida fino ai nostri giorni, viene riformulata alla fine degli anni ottanta e elaborata nella sua forma definitiva, ovvero che le prestazioni dei processori raddoppiano ogni 18 mesi."

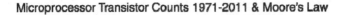

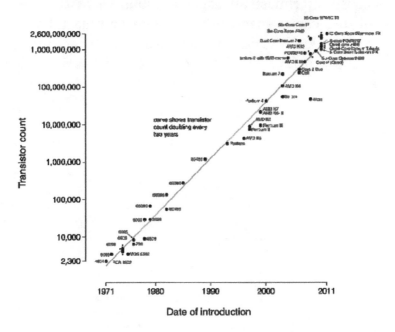

Microprocessor Transistor Counts 1971-2011 & Moore's Law

Date of introduction

L'osservazione, risalente al 1965 si è puntualmente verificata sino a ora, e non è ancora stata smentita.

Ergo da circa cinquant'anni, in elettronica e informatica le performance raddoppiano ogni diciotto mesi.

Temo che **non** esista alcun altro ambito in cui si verifichi qualcosa di simile.

Ciò ha fatto si che le prestazioni di aggeggini elettronici abbiano raggiunto livelli molto sofisticati, quasi fantascientifici.

Però...

Ho anche notato quanto i prezzi si siano abbastanza livellati, nel senso che non sono precipitati vicino allo zero assoluto.

In pratica i costi di un robusto portatile, leggero ma performante, sono gli stessi dall'avvento dell'Euro nel 2002.

Abbiamo in genere tre tagli: economico, medium o superperformante, che hanno da più di un decennio lo stesso costo.

Ovvio, le performance sono sempre raddoppiate ogni diciotto mesi, ma i costi son rimasti abbastanza stabili.

Il che vuol dire che svenarsi per prendere l'ultima novità, è abbastanza inutile. Meglio arrivare per secondi o ultimi, evitando quindi di far i Pionieri, (Vedi *In Informatica vince chi arriva per ultimo.*)

35. Il gioco delle tre arance.

"Entrino Signore e Signori entrino, più persone entrano più bestie si vedono!"
(Istruzioni per l'uso di questa frase nominale : mimare un giocoliere che fa roteare tre arance o palline rosse, intonando ad libitum una musichetta tipica da Circo. Avvertenze: non la versione felliniana, bensì quella americana35)

Tipico di quando si sta presentando un qualcosa di cui si conoscono in anticipo le intrinseche carenze, diciamo pure non funziona **niente**!
In tal caso, spinti dalla necessità nonché dalla mancanza di alternative, si bluffa al limite della prestidigitazione creando un nuovo ma inossidabile personaggio: il Mandrake del software.

36. Il gioco delle tre tavolette.

Qua non si parla più di bluffare, ma di truffare!

37. Database, limiti e funzionalità.

Qualora si necessiti gestire una mole di dati, converrà tener ben presente che:
Fino a diecimila record si possono anche gestirli con Excel.
Fino a centomila record si possono ANCHE gestirli con Excel MA con un PC potentissimo, altrimenti a ogni operazione il PC si impalla per lunghissimi minuti.
Altrimenti fino ad un milione di record si possono gestire con Access, che è fatto apposta e consente qualsivoglia tipo di estrazione, gestione et similia.
Oltre occorrono gestori di Data Base professionali. (es. Oracole)
Il tutto onde evitare situazioni che più che stress e ansia non producono, a fronte poi di risultati scarsissimi.

38. Il Software, e i supporti digitali in genere, sono come la moglie degli esquimesi: più la danno in giro, più sono contenti!

La leggenda o la diceria trae origine dal libro "Il paese delle ombre lunghe[36]", in cui sbrigativamente veniva citata tale usanza.

In realtà la cosa è leggermente più articolata[37].

Ma nell'immaginario collettivo, tale idea è rimasta.

Nel caso in esame, qualsivoglia supporto digitale, contrariamente a quelli "analogici" o fisici, può esser replicato all'infinito e non subisce alcun tipo di degrado dopo un prestito e non necessita nemmeno di restituzione.

Per cui non vi sono alcune limitazioni al numero o quantitativo delle copie di supporti digitali se non, nel caso di presenza di copyright, tutte quelle di tipo etico, morale, civile e in alcuni casi anche penali.

Sappiatelo... Poi non dite che non ve l'avevo detto...

39. Minor impostando, major buscando.[38]

Mi rendo conto che tutto ciò verte sulle ricerche in Internet, e con l'Informatica potrebbero aver poco a che fare, però ho anche notato che è un malvezzo tipico, per cui tanto vale puntualizzarlo: male non farà!

Quando vi accingete a principiare una ricerca digitale, è più opportuno estendere i parametri della ricerca (*minor impostando*) per poi affinarla sempre di più.

Iniziare **subito** cercando l'esatta frase presunta oppure un concetto, rischia di decurtare notevolmente i risultati e normalmente, omettere quelli desiderati.

Conseguentemente in seconda o terza istanza, si affina sempre più la ricerca restringendo il novero su risultati congrui.

40. La ricerca di documenti in formato digitale e il metodo del Pitone.

"I pitoni riescono a inghiottire le grandi prede per intero grazie all'osso quadrato che lega la mandibola al cranio in modo allentato e alla presenza di legamenti elastici."[39]

Anche in questo caso si esula un po' dal campo dell'informatica, ma visto che frequentemente la manualistica è reperibile in formato digitale sui siti più disparati, oppure in alternativa a caro prezzo, converrà procedere in tal senso:

Scaricare e accantonare **tutto** ciò che pare abbia una certa qual pertinenza con l'argomento, alla stregua stampandosi le pagine Web in formato PDF.

Dopo (anche giorni dopo) riprendere tutto il materiale e vagliarlo con cura, facendo anche più passaggi.

Alla fine il risultato potrebbe essere accettabile e vicino all'oggetto della ricerca.

Viceversa: se si esamina il materiale un pezzo per volta, man mano che lo si trova, si vivono interessanti esperienze di serendipità[40] ma il risultato finale potrebbe essere incompleto o fallace.

41. MAI dare una soluzione a chi non sa di aver un problema.

La prima volta che sentii questa frase, invero stupenda, fu ad un corso in IBM, direi a cavallo degli anni 80/90 del secolo scorso.
Io la trovo quasi esiziale e perfetta.

In qualsiasi ambito dare una soluzione non richiesta o, addirittura, nemmeno capita, da solo l'idea che si stia cercando di vendere, propinare, imporre, plagiare qualsiasi cosa non gradita e non richiesta.

Tocca poi, pur come d'uso, sedersi in riva al metaforico fiume ed aspettare, occupandosi d'altro, che chi il problema ce l'ha, se ne accorga.
Spesso quando ormai è troppo tardi.

42. Gli inglesi dicono: "Non sono abbastanza ricco da comprare roba economica".[41]

Frase, geniale, tratta dal libro di Aleksandr Isaevi Solzenicyn: ARCIPELAGO GULAG.

Il significato è sempre lo stesso: chi più spende meno spende. Però lo rende meglio e senza scioglilingua.

Ciò vale in Informatica e in qualsivoglia altro ambito ove non si capisca che le cose economiche hanno, necessariamente, meno caratteristiche qualitative o quantitative delle altre.
Pensiamo anche, recentemente, a tutti i vari programmelli o APP apparentemente gratuiti che poi ci farciscono il PC di immonde porcherie, pubblicità, banner, et similia.

È interessante che tale frase sia tratta dagli atti di un processo svoltosi in Russia negli anni '30.
Quindi era già in auge, da tempo, agli inizi del secolo scorso, probabilmente in ambito inglese.
Insomma, da quasi un secolo.
E, a quanto pare, non abbiamo imparato nulla.

43. In genere il 50% dei problemi si risolve da solo, l'altro 50% può procurare l'assoluta distruzione.

... e vigliacca saper distinguere, all'insorgere, a quale delle due categorie i s.d. problemi appartengano...

E questo vuol dire che, secondo il ben noto principio edonistico[42], volgarmente e sbrigativamente riassunto con la frase *"Minimo mezzo, massimo risultato"*, la tentazione di aspettare a fiondarsi su di un nuovo ed apparentemente bloccante problema è forte, soprattutto alla luce dell'esperienza.
Ma spesso non è possibile...

44. Sarà lapalissiano[43], ma la più comune obiezione che viene posta da un utente è che: "fino a poco fa funzionava perfettamente".

Ed infatti...

Ovviamente occorre distinguere; in caso di problemi software l'indizio segnalato dall'utente può essere molto utile, perché è facilissimo che modificando un qualche cosa, in realtà articolate e complicate, scassi poi qualche cosa d'altro, apparentemente non correlato.

Oppure quando il produttore ha cambiato un qualcosa e non son stati fatti correttamente i vari aggiornamenti.

Se, invece, l'errore è hardware c'è poco da dire e da fare...

Se ci pensiamo bene, per qualsivoglia manufatto, marchingegno, attrezzo, elettrodomestico, mezzo meccanico et similia, vale la regola che un attimo prima di guastarsi, funzionava più o meno perfettamente...

Il più è riuscire a spiegarlo all'utente.

45. In compenso qualsivoglia marchingegno informatico soffre di timidezza: appena arriva il tecnico riprende a funzionare perfettamente.

Ciò vale un po' per tutte le macchine, emblematica è la lavatrice. Ma, a maggior ragione, macchine informatiche e programmi vari.
In assenza del tecnico combinano le peggio cose.
MA, appena arriva il tecnico, ZAK!, riprendono a funzionare perfettamente.
Mettendoci spesso in condizione di fare una figura barbina, spesso connotata con la frasetta significativa della "Sindrome dell'al Lupo, al Lupo"...

46. In Italia, se non ci fosse "l'ultimo momento" gran parte delle realizzazioni non esisterebbero.

Ciò vale per l'Informatica come per qualsiasi altro ambito.

Ma temo che per l'Informatica sia una specie di regola ferra o legge (quasi) fisica.

Penso che il recente EXPO 2015 di Milano sia un valido esempio.

47. **Ho notato che l'Informatica scatena la più turpe volgarità anche in individui al di sopra di ogni sospetto.**

Uomini, donne, bambini, che *"tanti gentili e tanto onesti paiono"*, quando son alle prese con l'Informatica, sia esso da programmatori o anche da utenti, spesso e volentieri prorompono in commenti ed esclamazioni che non sfigurerebbero in una bettola del più malfamato porto dei Caraibi.

48. In fase di analisi e programmazione è inutile trovar l'originalità a tutti i costi, basta semplicemente copiare i BIG.

Ogni qual volta necessiti realizzare una qualsivoglia interfaccia, conviene andar a copiare (e, perché no, migliorare) come han fatto i vari BIG, che hanno speso anni in studi e ricerche ovviamente non a vanvera.

Ad esempio, se debbo progettare un nuovo sito, perché non copiare l'architettura ed il design da uno dei vari BIG analoghi, senza starmi troppo a scervellare a trovare soluzioni originali che poi non son così ergonomiche.

49. L'obsolescenza[44] del Software.

Mentre l'hardware, lo abbiamo già detto, si obsolescenza alla velocità della luce, il software, invece, può essere valido e rimanerlo per decenni.

Pensiamo ad applicazioni specifiche, gestionali, a fronte di realtà marginali che non cambiano.

Oppure a realtà tali per cui, per rifare il tutto onde appoggiarlo a nuove piattaforme, si rischierebbe di spendere una quantità spropositata di denaro per avere, ora della fine, la medesima applicazione con i medesimi risultati.

Dire che non ne vale la pena, sarebbe il minimo.

Alla stessa stregua si può usare la metafora dei treni, che tengono la sinistra, d'altronde son stati inventati in Inghilterra, patria del *"Un ultima cosa: in questo paese si guida dalla parte sbagliata della strada[45]"*.

Per invertire il lato di transito di tutti i treni italiani non basta uno scambio ed immetterlo sull'altro binario. Occorre cambiare TUTTE le posizione dei semafori (in pratica spostarli dall'altra parte della massicciata) dei sensori di transito, delle boe di rilevazione per non parlare probabilmente della correzione dei raggi di curvatura e quant'altro.

In pratica, un costo di miliardi, probabilmente, per ottenere poi… esattamente la stessa cosa, ovvero il medesimo servizio, senza alcun tipo di beneficio aggiuntivo…

Ne vale la pena?

Breve digressione sui virus, malware et similia.

I PC, per mia definizione, sono delle baracche. Il che vuol dire che l'Hardware viene a malapena testato prima di immetterlo sul mercato, per la semplice ragione che se si perde tempo a effettuare il controllo qualità o i test alla ricerca di errori, la concorrenza ottiene il prodotto, lo *cyberseziona* , lo copia e lo butta sul mercato in anticipo *fregando* così chi ha speso tempo e soldi in ricerca, come già accennavo precedentemente. *[Vedi In Informatica vince chi arriva per ultimo].*

Per il software poi è ancora peggio.

Visto che l'architettura di un PC è aperta, tutti possono accedervi a piene mani. Cosa vuol dire? Significa che i meccanismi vitali di un PC sono programmabili dall'esterno, per cui tutti i programmi vi possono accedere. E spesso un programma "scassa" ciò che un altro aveva impiantato per funzionare. E' una questione di indirizzi di memoria, di canali di accesso, di periferiche et similia.

In pratica l'analogia sarebbe come se chiunque potesse accedere ai servizi, anche i più minimali di un grattacielo. E così avremmo rubinetti dell'acqua potabile da cui prenderemmo la scossa, ci faremmo docce con le acque nere del coinquilino del piano di sopra, contando pure condizionatori che vanno in corto e telefonate che transitano sui cavi dei videocitofoni o sulle parabole televisive.

Per cui è facile che ciò che in un caso vada bene, nell'altro scassi tutto.

Cosa bisogna fare?

C'è poco da fare; Esistono regole ovvie, ma è meglio sintetizzarle. Repetita juvant dicevano i latini.

La prima cosa è quella di avere sempre un back-up del proprio sistema operativo, oppure tutta la ridda di CD-ROM sempre pronti. E' facile dover ricaricare tutto. E senza i supporti originali spesso diventa un disastro.

Ormai i sistemi operativi sono forniti con il PC, ma occorre sempre e immancabilmente effettuare i vari salvataggi iniziali. Altrimenti non si può ricaricare più il sistema e tocca ricomprarlo ex novo.

Inoltre è anche possibile, anche se non provato, che i grandi produttori di software mettano appositamente delle bombe a orologeria in modo che, periodicamente, si impalli tutto, costringendo così i truffaldini ladri di software a dover andare alla ricerca di chi gli ha prestato i supporti originali per dover ricaricare tutti i vari programmi. Visto che a distanza di tempo non ci si ricorda o si sono persi i contatti con chi ci ha prestato i supporti originali, si è costretti a correre ai ripari comprando il software.

Infine Internet. Internet è un mare magno, in cui galleggia l'indescrivibile.

Ci sono miliardi di utenti nella rete, in tendenza di aumento geometrico. E questo vuol dire che se anche la percentuale di burloni, sabotatori, hacker, terroristi informatici, fosse anche dell'uno per cento, vi sono svariati milioni di persone, più o meno brave, che provano a sabotare tutto, dando in pasto dei veri e propri "cavalli di Troia" che contengano virus, bombe o altro. E visto che la base di persone che si divertono così è davvero tanta, non possiamo pretendere che non ci riescano, vuoi solo per questioni di calcolo delle probabilità. Poi c'è in giro gente davvero brava, in questo caso il non plus ultra...

Siamo tutti a conoscenza che esistono appositi laboratori di ricerca, anche governativi: sono una branca dell'intelligence, che progettano virus e "bombe elettroniche", visto che l'informatica è uno strumento di comunicazione e interrompere le comunicazioni al nemico è uno dei più elementari atti di guerra, non meravigliamoci che nel tempo presente esistano continui tentativi da parte delle potenze del mondo globalizzato a farne un uso quotidiano.

I malware sono virus a tutti gli effetti, solo che spesso per estirparli occorrono programmi di Anti malware DIVERSI dagli Antivirus. Informatico mistero!

D'altronde non possiamo esimerci da subire, nostro malgrado possiamo solo prendere precauzioni.

Vediamole un po'più da vicino:

1.   Niente software pirata. Poco, ma tutto acquistato regolarmente. Innanzi tutto perché in caso di ispezione fiscale, se dovessero aprire il PC non trovassero programmi cui corrisponda una regolare fattura, si incorrerebbe nell'evasione della Legge sull'IVA, con pene pecuniarie e penali, tralasciando le brutte figure.
2.   Prelevare il meno possibile da Internet. Soprattutto Beta Release e giochini. Le Beta Release vuol dire la nuova versione di un prodotto già esistente, però non ancora testato. A me è capitato con EXPLORER 5.0 ove, quando si è "incriccato", la Microsoft stessa mi ha risposto che loro non danno assistenza su Beta Release. Per cui mai prendere l'ultima versione di qualcosa. Lasciamo fare ad altri più ricchi e frettolosi di noi questo errore.

3.   I giochini, siano essi accessibili ai minori oppure per soli adulti , sono la maggiore fonte di virus. Ovvio, se io voglio mettere in giro un virus non scelgo un programma di calcolo quantistico, ma scelgo qualcosa che si sparga il più velocemente possibile, quindi giochi o sporcacciate porno.

4.   Installare un buon Antivirus: attenzione, per buono vuol dire che venga aggiornato spesso. I programmi di Antivirus non sono altro che programmi che controllano che nei file non vi siano delle istruzioni che hanno catalogato sotto la voce virus: le case produttrici di tali programmi, appena scoprono un nuovo virus lo aggiungono al catalogo. E qui l'importanza dell'aggiornamento.

Attenzione: se un Antivirus è in funzione, ovviamente le prestazioni del PC rallenteranno. In pratica è come se nel famoso grattacielo di prima ogni persona che transiti dalla portineria venga ogni volta accuratamente perquisito o spogliato.

5.   Far periodicamente i back-up. Soprattutto se si usa il PC per scopi professionali, dove in caso di controllo non si può raccontare alla Finanza che sono solo un paio di mesi che non stampiamo il giornale bollato e che quest'ultimo sia andato perduto.

Conclusione

A prescindere che questo è un lavoretto "working progress", in ambito meneghino potremmo anche dire *"la fabrica del Dom"*, lo scopo era cercare di mappare un continente in continuo mutamento e per questo pieno di insidie.

Sia pur ormai completamente bagnato dall'oceano di Internet, l'ambito informatico come scienza dell'informazione, è ancora misterioso, in cui si sono catalizzati tutti gli arcana mundi per motivazioni che fino in fondo non riesco ancora a comprendere nella loro totalità.

Mi rendo conto che, in pieno XXI Secolo, l'informatica è più o meno come una commistione tra Atlantide, l'Eldorado e le Colonne d'Ercole o il Giardino dell'Eden che hanno popolato per secoli e in alcuni casi per migliaia di anni le leggende occidentali.

In realtà anche se i racconti e gli effetti sono descritti molto come una specie di Ultima Thule della gestione aziendale, personale e domestica, poi in pratica appena si cerca di avvicinarsi si incorre nelle paludi di problemi, spesso insormontabili.

Spinto dall'ottimo consiglio del Mio Amico Carlo Bontardelli, che ha benignamente curato l'editing di questo testo, ho creato una cartina immaginaria atta a mappare questo continente sconosciuto agli internauti che non hanno l'esperienza dei navigatori di lungo corso.

Una fantasia a cui ognuno, guidato dal senso estetico, potrà applicare le proprie personali varianti.

Con questa ipotetica Legenda.
1.   Legge 0° Lo sforzo per introdurre un dato è il
medesimo a prescindere da quale supporto si
utilizzi; ma se si usa un supporto digitale, con lo
stesso sforzo, si ottengono infinite possibilità di
elaborazione, estrazione e aggregazione successive.
[Baja]
2.   In Informatica non ne capisce niente nessuno.
[Parete Nord]
3.   In informatica, se non si sta attenti, diventa
il Regno delle Supercazzole. [Valle cieca]
4.   In Informatica vince chi arriva per ultimo.
[sentiero panoramico]
5.   L'informatica, per definizione, interviene a
meccanizzare qualsivoglia realtà già esistente: per
cui deve SEMPRE recuperare il ritardo, spesso senza
raggiungerlo mai. [cascate o rapide]
6.   In informatica non funziona mai nulla al primo
colpo.[lago]

7.   In Informatica l' evidenza sistematica del risultato è inversamente proporzionale allo sforzo impiegato nel conseguirlo. [fiume]

8.   La nota proprietà transitiva. [grotte]

9.   In Informatica chi utilizza non sceglie; chi sceglie non paga e chi paga non utilizza né sceglie. [labirinto]

10.   Il Paradosso del caminetto. [pinnacolo]

11.   In Informatica, quando uno dice che "E' facile..." cominciano i veri guai. [palude]

12.   In Informatica, dopo il primo quarto d'ora, qualunque hardware è sempre troppo lento. [salita o similare]

13.   Gli errori si dimezzano con il tempo. [Cascata]

14.   A cosa serve? Non lo so, però è bellissimo! [vista panoramica]

15.   In Informatica prima si acquista un aggeggio, poi si pensa a come utilizzarlo. [deserto]

16.   Dato ridondato, disastro assicurato. [deserto oppure cascata]

17.   L'Informatica distribuita è DIVERSA da informatica sparpagliata. [deserto]

18.   Dato NON salvato è un dato perso! Sui salvataggi NON si transige! [cascata]

19.   Uno dei migliori metodi per informatizzare è farlo due volte! [strada dritta e biforcazione]

20.   Per certi versi sposo e sottoscrivo appieno il "Manifesto AGILE" [pianura]

21.   Prima la soluzione, brutale che funziona. poi si fanno i "fiorellini". [strada dritta]

22.   Indietro non si torna! [strada dritta senza inversioni ad U]

23.   L'education non è una voce su cui si possa o debba risparmiare. [sentiero]

24.   In informatica ci son sempre almeno un paio di modi (se non di più) per ottenere il medesimo risultato. [due strade che convergono in uno stesso punto]

25.   In informatica un anno vale come dieci. [tornanti]

26.   Anche in informatica vige il peccato originale [giardino]

27.   In Informatica bisogna far molta attenzione al "Già che ci siamo…" [tornanti]

28. "Il nostro è un mercato particolare." [strada interrotta]

29. La sindrome del "punto di non ritorno". [strada o ponte interrotto]

30. La sindrome di Stanlio e Ollio. [strada poi mulattiera]

31. Di informatica non è mai morto nessuno. [deserto]

32. I saldi negativi di magazzino sono come denti cariati: o li si cura o li si estrae o li si ricopre d'oro (nel senso che costano, poi, un badaluffo di soldi) [palude]

33. Mai smentita fino a ora: la Legge di Moore. [autostrada]

34. Il gioco delle tre arance. [ponte interrotto sostituto da ponte di corde]

35. Il gioco delle tre tavolette. [ponte interrotto]

36. Database, limiti e funzionalità. [Catena montuosa]

37. Il Software, e i supporti digitali in genere, sono come la moglie degli esquimesi: più la danno in giro, più sono contenti… [doppio dosso poi kamasutra]

38. Minor impostando, major buscando. [rotatoria]

39. La ricerca di documenti in formato digitale e il metodo del Pitone. [area di servizio o luogo di sosta temporanea]

E, per aiutare il lettore, questo libro può servire da faro...[47]

GLOSSARIO

Accrocchio (o accrocco)

Il Vocabolario Treccani dice: Oggetto o meccanismo sconnesso e instabile, lavoro abborracciato[48].
E è proprio come lavoro abborracciato che viene usato. Son quelle sequele di operazioni che covano una soluzione poco elegante ad un malfunzionamento.

Atterraggi vari

Già specificato: si tratta dei tipi di "Go Live" ovvero di collaudi in effettivo di un sistema, complice scadenze inderogabili.
Come già detto possono essere di tre tipi:
•   Atterraggi con carrello: quando, incredibilmente, non ci sono grandi disastri... (difficile al primo colpo)
•   Atterraggi su di un carrello (più normalmente, quando i problemi fioccano)
•   Atterraggi senza carrello: molto comune, quando non funzione niente!

Incriccato/a

Programma che si blocca o che va in errore.

Martellate

Facilmente intuibile. Quando si risolve ad un problema con metodi brutali e poco consoni, tipo correggere brutalmente i dati con programmi di servizio, cosa che non si è riusciti a modificare mediante gli appositi programmi.
Niente a che vedere con il rag. Fausto Tonna della Parmalat che, narra la leggenda, per distruggere i dati di un PC (fisso, non portatile) ne prese personalmente a martellate la tastiera...[49] credendo che fosse la sede naturale dei dati di un PC.

Mastruzzo

Direi sinonimo di accrocco/accrocchio. "Mastruzzo" in dialetto genovese significa "broglio", "manipolazione", "imbroglio"[50]. In caso informatico sono quegli escamotage poco logici e poco pratici onde riuscire a conseguire un risultato sperato, a volte solo sognato.

Paradosso del caminetto

Vedi apposito capitolo.

Ritardo zero

In pratica è il ritardo o tempo trascorso tra il problema o situazione reale e il tempo per realizzarlo. Esso può valere nel tempo di realizzazione di un progetto informatico come nel caso che si cerchi di informatizzare una ben precisa attività aziendale. Oppure il ritardo tra la velocità del cervello e di qualsivoglia applicazione informatica. In caso di zero vuol dire che la soluzione viene realizzata immediatamente.

Sindrome dei pionieri

Come da capitolo la *sfregola* che hanno molti di aver sempre la cosa più moderna oppure l'ultima versione.

Sindrome del punto di non ritorno

Ovvero quando la somma delle spese sostenute per un progetto è così alta da non giustificare alcuna ammissione di flop.

Sindrome del Gadget elettronico

Ovvero possederlo anche e soprattutto quando non serve.

Sindrome di Penelope

Ovvero fare un lavoro che verrà smontato o invalidato a breve, per doverlo rifare.

Sindrome di Stanlio e Ollio

Vedi apposito capitolo.

Varianti d'opera in corso

Ovvero tutto ciò che eccede il capitolato iniziale, richieste anche durante la realizzazione. Vedi anche "Già che ci siamo".

Postfazione

Questa piccola opera nacque anni fa, direi quasi una ventina.
Ovviamente era solo abborracciata, ma puntualmente inciampavo in casi o episodi, miei o altrui, che mi pareva giusto stigmatizzare.
Verso la fine degli anni '90 una carissima persona mi chiese di "elevare un po' il livello culturale del suo sito", il bellissimo www.niguarda.com.
Accettai a patto che mi firmassi "Il Tuttologo" (Vedi http://www.niguarda.com/Tuttologo/Frattaglie.htm) perché mi pareva giusto, se dovevo montare in cattedra, ridicolizzarmi sin da subito. Per me Tuttologo è e rimane una specie di bonario insulto.
E così benignamente concessi svariati testi, di cui sono intimamente orgoglioso, e mi piace ricordare il sito www.niguarda.com come il mio Primo Editore.
Poi, con il tempo, ho provveduto ad arricchire e corroborare le mie notarelle sino a data odierna, considerato che mi sono avventurato nel mondo della consulenza informatica a tutti gli effetti.
Per cui ho chiesto al Primo Editore di togliere dal "catalogo" il brano, è stato notevolmente esteso (direi più che raddoppiato) e mi accingo ora a rilasciarlo alle stampe digitali, sperando che buon pro faccia.
Ho anche notato che era stato ricopiato pedissequamente in siti specializzati per addetti ai lavori informatici, purtroppo senza citarmi come fonte, e questo è un dato di fatto.
Ovviamente sono sicuro che con il tempo continueranno a presentarsi una serie di elementi che assicureranno un ampliamento del testo consentendo ulteriori convalide.
Riscontravo che la struttura di questo editore consente costanti aggiornamenti, e valutando il continuo mutamento del settore trattato, ho deciso che queste pagine saranno un lavoro working progress.

Cari lettori, a presto!

Maurizio OM Ongaro

NOTE FINALI

---

[1] "Il termine **supercàzzola** (storpiatura dell'originale **supercàzzora**) è un **neologismo** (entrato nell'uso comune dal **cinema**) che indica un *nonsense*, una frase priva di senso logico composta da un insieme casuale di parole reali ed inesistenti, esposta in modo ingannevolmente forbito e sicuro a interlocutori che pur non capendo alla fine la accettano come corretta.[2] Il termine è utilizzato per indicare chi parla senza dire nulla.

Cfr.: http://it.wikipedia.org/wiki/Supercazzola

[2] Nel Natale del 1994 la Intel, causa errore del microprocessore che sbagliava le divisioni con più di otto decimali, si vide costretta a sostituire i microprocessori Pentium interamente in garanzia, con conseguenti perdite di immagine e di quotazione del titolo a Wall Street.

[3] Cfr Treccani:

obsolescènza s. f. [der. del lat. OBSOLESCÈRE; v. obsoleto]. – In genere, invecchiamento, superamento (di istituzioni, strutture, manufatti e sim.); più specificamente, la perdita di efficienza e di valore economico subiti da un apparecchio, da un impianto, da una tecnologia a causa del progresso tecnologico, ossia dell'immissione sul mercato di nuovi macchinarî che, producendo a costi più bassi, rendono non più competitivi quelli esistenti. Il termine è usato anche con riferimento a beni di consumo (per es., automobili, elettrodomestici o calcolatori) di cui vengono presentati nuove forme o perfezionamenti che inducono ad abbandonare il vecchio modello.

[4] Cfr "Le Leggi di Murphy"
Onde evitare di trovare edizione e libro esatto, rimando a Wikipedia da dove si possono trarre le varie edizioni e corollari:
http://it.wikipedia.org/wiki/Legge_di_Murphy

[5] cfr http://it.wikipedia.org/wiki/Legge_di_Murphy

[6]È il paese di **Sauron**, una terra tetra, circondata da scurissime montagne, sempre coperta da nuvole e abitata dai servi dell'Oscuro Signore. http://it.wikipedia.org/wiki/Mordor

[7] Più comunemente: "Non funziona un cazzo!"

[8] Il mio Valido Riparatore di PC mi raccontava che un padre gli avevano commissionato un PC decisamente performante per il figlioletto, ovviamente a scopo giochini. Dopo un po' il padre glielo ha riportato COMPLETAMENTE distrutto, preso a martellate. A quanto pare il figlioletto, deluso da chissà quale problema (del gioco? Dalle performance?) lo ha letteralmente preso a martellate.

9 Facile: cancellare.

10 Meno facile: da blink: far l'occhiolino: quando un campo a video, ad intervalli regolari, cambia luminosità ad intermittenza.

11 Riempire di blank, ovvero il carattere che per convenzione viene ottenuto con la barra spaziatrice.

12 In pratica comprimere i dati di un file con apposito programma, ad esempio PKZIP, onde risparmiare spazio. Per essere utilizzato il file "zippato" dovrà essere passato attraverso un altro programma che lo riporterà alle condizioni originali.

13 Mi par inutile tradurlo.

14 Da "to post", in pratica pubblicare.

15 Mi par inutile tradurlo.

16 Locuzione ripresa dall'omonima opera di Kuhn.

17 http://it.wikipedia.org/wiki/Touchscreen
Lo schermo tattile o touch screen (altre grafie utilizzate: "touch-screen", "touchscreen") è un particolare dispositivo frutto dell'unione di uno schermo ed un digitalizzatore, che permette all'utente di interagire con una interfaccia grafica mediante le dita o particolari oggetti. Uno schermo tattile è allo stesso tempo un dispositivo di output e di input.

18 Vedi Paradosso di Achille e la tartaruga:

1.1 La descrizione di Aristotele
Aristotele espone il paradosso così: «Un mobile più lento non può essere raggiunto da uno più rapido; giacché quello che segue deve arrivare al punto che occupava quello che è seguito e dove questo non è più (quando il secondo arriva); in tal modo il primo conserva sempre un vantaggio sul secondo».[1]
1.2 La descrizione di Borges

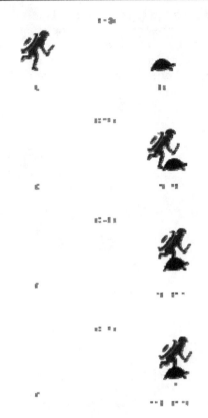

Rappresentazione del paradosso di Achille e la tartaruga secondo la descrizione di Borges. Sull'asse sono indicate le distanze (in metri) percorse da Achille e dalla tartaruga.

Una delle descrizioni più famose del paradosso è dello scrittore argentino Jorge Luis Borges[2]: «Achille, simbolo di rapidità, deve raggiungere la tartaruga, simbolo di lentezza. Achille corre dieci volte più svelto della tartaruga e le concede dieci metri di vantaggio. Achille corre quei dieci metri e la tartaruga percorre un metro; Achille percorre quel metro, la tartaruga percorre un decimetro; Achille percorre quel decimetro, la tartaruga percorre un centimetro; Achille percorre quel centimetro, la tartaruga percorre un millimetro; Achille percorre quel millimetro, la tartaruga percorre un decimo di millimetro, e così via all'infinito; di modo che Achille può correre per sempre senza raggiungerla».

Un altro approccio considera il significato fisico degli intervalli spaziali, le cui dimensioni dopo pochi passaggi sono estremamente ridotte, perché secondo la meccanica quantistica non ha senso considerare intervalli più piccoli di una determinata dimensione. [3]

http://it.wikipedia.org/wiki/Paradosso_di_Achille_e_la_tartaruga

[19] **"-manzia"** cioè divinazione

Per curiosità ho trovato su Wikipedia (cfr. http://it.wikipedia.org/wiki/Divinazione) queste varie possibilità di varie divinazioni: direi che ce n'è per tutti i gusti...

AEROMANZIA O AERIMANZIA (DIVINAZIONE DELLE CONDIZIONI ATMOSFERICHE)
AILUROMANZIA (DIVINAZIONE DEL COMPORTAMENTO DEI GATTI)
ALETTRIOMANZIA (DIVINAZIONE DEI GALLI)
ALEUROMANZIA (DIVINAZIONE DELLA FARINA, COMPRENDE I BISCOTTI DELLA FORTUNA): (NOTA: LA DIVINAZIONE DEI BISCOTTI DELLA FORTUNA È ANCHE UNA FORMA DI STICOMANZIA)
ALFITOMANZIA (DIVINAZIONE DELL'ORZO)
ALOMANZIA (DIVINAZIONE DEL SALE)
ANEMOSCOPIA (DIVINAZIONE DEL VENTO)
ANTROPOMANZIA (DIVINAZIONE DEI SACRIFICI UMANI)
APANTOMANZIA (DIVINAZIONE DELL'AVVISTAMENTO DI ANIMALI)
ARITMOMANZIA O ARITMANZIA (DIVINAZIONE ATTRAVERSO NUMERI E LETTERE)
ARUSPICINA (DIVINAZIONE COMPLESSA BASATA SU DIVERSE ANALISI DELLE VITTIME DEI SACRIFICI)
ASSINOMANZIA (DIVINAZIONE DELLE ASCE)
ASTRAGALOMANZIA (DIVINAZIONE DEI DADI)
ASTROLOGIA (DIVINAZIONE DEI CORPI CELESTI)
AUSTROMANZIA (DIVINAZIONE DI VENTO E NUBI)
BELOMANZIA (DIVINAZIONE DELLE FRECCE)
BIBLIOMANZIA O STICOMANZIA (DIVINAZIONE DEI LIBRI, IN PARTICOLARE LA BIBBIA)
BIORITMI (DIVINAZIONE DEI BIORITMI)
BOTANOMANZIA (DIVINAZIONE DELLE PIANTE BRUCIATE)
BRONTOSCOPIA (DIVINAZIONE DEI TUONI)
CAFFEOMANZIA (DIVINAZIONE DEI FONDI DI CAFFÈ; SI VEDA ANCHE TASSEOMANZIA: DIVINAZIONE DELLE FOGLIE DEL TÈ)
CAOMANZIA (DIVINAZIONE DELLE VISIONI AEREE)
CAPNOMANZIA (DIVINAZIONE DEL FUMO)
CARTOMANZIA (DIVINAZIONE DELLE CARTE)
CATOTTROMANZIA O CATOPTROMANZIA (DIVINAZIONE DEGLI SPECCHI O DI ALTRI OGGETTI RIFLETTENTI)
CAUSIMOMANZIA (DIVINAZIONE DELLE BRUCIATURE)
CEFALOMANZIA (DIVINAZIONE DELLE TESTE)
CERAUNOSCOPIA O CERAUNOMANZIA (DIVINAZIONE DEI FULMINI)

CEROMANZIA (CEROSCOPIA; DIVINAZIONE DELLA CERA FUSA VERSATA IN ACQUA FREDDA)
CHIROMANZIA, CHIROGNOMIA, CHIROLOGIA O CHIROSCOPIA (DIVINAZIONE DEI PALMI DELLE MANI)
CICLOMANZIA (DIVINAZIONE DELLE RUOTE)
CLEIDOMANZIA (DIVINAZIONE DELLE CHIAVI)
CLEROMANZIA (DIVINAZIONE DELLE ESTRAZIONI A SORTE)
COMETOMANZIA (DIVINAZIONE DELLE CODE DELLE COMETE)
COSCINOMANZIA (DIVINAZIONE DEI SETACCI PENDENTI)
CRISTALLOMANZIA (DIVINAZIONE DEI CRISTALLI)
CROMMIOMANZIA (DIVINAZIONE DEI GERMOGLI DI CIPOLLA)
CYBERMANZIA (DIVINAZIONE CON ORACOLI ELETTRONICI)
DAFNOMANZIA (DIVINAZIONE DI CORONE DI ALLORO BRUCIATE)
DEMONOMANZIA (DIVINAZIONE DEI DEMONI)
DOMINO (DIVINAZIONE CON LE TESSERE DEL DOMINO)
EMPIROMANZIA (DIVINAZIONE DELLA FIAMMA SACRIFICALE)
EPATOSCOPIA O EPATOMANZIA (DIVINAZIONE DEL FEGATO DI ANIMALI)
EROMANZIA (DIVINAZIONE CON I MOVIMENTI DELL'ARIA)
ESTISPICINA, EXTISPICINA, IEROMANZIA, IEROSCOPIA, GEROMANZIA O GEROSCOPIA (DIVINAZIONE DELLE INTERIORA DI ANIMALI SACRIFICATI)
FISIOMANZIA O FISIONOMANZIA (DIVINAZIONE DELLA FISIONOMIA DI UNA PERSONA)
GASTROMANZIA, O ENGASTRIMANZIA (INTERPRETAZIONE DEI SUONI PROVENIENTI DAL VENTRE DELL'INDOVINO O DI UNA PERSONA ISPIRATA)
GELOSCOPIA (DIVINAZIONE DELLE RISA)
GEOMANZIA (DIVINAZIONE DELLA TERRA), COMPRENDE IL FENG SHUI
GERANOMANZIA (DIVINAZIONE DEL VOLO DELLE GRU)
GIROMANZIA (DIVINAZIONE DELLE VERTIGINI)
GRAFOMANZIA O CHIROGRAMMATOMANZIA (DIVINAZIONE DELLA CALLIGRAFIA)
I CHING (DIVINAZIONE PER MEZZO DELL'OMONIMO LIBRO SACRO TAOISTA)
IDROMANZIA (DIVINAZIONE DELL'ACQUA)
IPPOMANZIA (DIVINAZIONE DEI CAVALLI)
ITTIOMANZIA (DIVINAZIONE DEI PESCI)
LAMPADOMANZIA (DIVINAZIONE DELLA LUCE)
LIBANOMANZIA O LEBANOMANZIA (DIVINAZIONE DELL'INCENSO)
LECANOMANZIA (DIVINAZIONE DEI BACINI D'ACQUA)
LITOMANZIA (DIVINAZIONE DELLE PIETRE PREZIOSE)
MAH JONGG (DIVINAZIONE CON LE TESSERE DEL MAH JONGG)
MARGARITOMANZIA (DIVINAZIONE DEI RIMBALZI DELLE PERLE)
METEOROMANZIA (DIVINAZIONE DEI FENOMENI METEOROLOGICI)
METOPOSCOPIA (DIVINAZIONE DELLA FRONTE)
MIOMANZIA (DIVINAZIONE DEI TOPI)
MIRMOMANZIA (DIVINAZIONE DELLE FORMICHE)
MOLEOSOFIA (DIVINAZIONE DELLE IMPERFEZIONI)
MYOMANZIA (DIVINAZIONE DEI RODITORI)
NEGROMANZIA, NECROMANZIA, NIGROMANZIA, PSICOMANZIA O SCIAMANZIA (DIVINAZIONE ATTRAVERSO L'INVOCAZIONE DEI MORTI)
NEFOMANZIA O NEFELOMANZIA (DIVINAZIONE DELLE NUVOLE)
NUMEROLOGIA (DIVINAZIONE DEI NUMERI)

OCULOMANZIA (DIVINAZIONE DEGLI OCCHI)
ODONTOMANZIA (DIVINAZIONE DEI DENTI)
OFIOMANZIA (DIVINAZIONE DEI SERPENTI)
OINOMANZIA (DIVINAZIONE DEL VINO)
OMFALOMANZIA (DIVINAZIONE DEL CORDONE OMBELICALE)
ONOMANZIA O ONOMATOMANZIA (DIVINAZIONE DEI NOMI)
ONICOMANZIA (DIVINAZIONE DELLE UNGHIE)
ONIROMANZIA, ONEIROMANZIA (DIVINAZIONE DEI SOGNI)
ORNITOSCOPIA O ORNITOMANZIA (DIVINAZIONE DEL VOLO DEGLI UCCELLI)
OUIJA (DIVINAZIONE USANDO LE TAVOLE OUIJA)
OVOMANZIA (O OVOSCOPIA, DIVINAZIONE DELLE UOVA)
PEGOMANZIA (DIVINAZIONE DELLE ACQUE DI SORGENTE)
PIROMANZIA O PIROSCOPIA (DIVINAZIONE DEL FUOCO)
PLASTROMANZIA (DIVINAZIONE DELLE CREPE PROVOCATE DAL CALORE SUL GUSCIO DELLE TARTARUGHE)
PODOMANZIA (DIVINAZIONE DEI PIEDI)
RABDOMANZIA (DIVINAZIONE DEI BASTONI)
RADIOESTESIA O RADIOMANZIA (DIVINAZIONE COL PENDOLINO O ALTRI STRUMENTI)
SCAPULOMANZIA (DIVINAZIONE DELLE SCAPOLE DI BOVINI E CAPRINI)
SCATOMANZIA (DIVINAZIONE DELLE FECI, SOLITAMENTE ANIMALI)
SCIOMANZIA (DIVINAZIONE DEGLI SPIRITI)
SIDEROMANZIA (DIVINAZIONE DELLA PAGLIA BRUCIATA)
SPODOMANZIA O TEFROMANZIA (DIVINAZIONE DELLE CENERI)
STICOMANZIA (DIVINAZIONE DELLA POESIA)
STOLISOMANZIA (DIVINAZIONE DEI VESTITI)
TAROMANZIA (DIVINAZIONE DI CARTE SPECIALI, I TAROCCHI; SI VEDA ANCHE CARTOMANZIA)
TASSEOMANZIA O TASSEOGRAFIA (DIVINAZIONE DELLE FOGLIE DEL TÈ)
TIROMANZIA (DIVINAZIONE DEL FORMAGGIO)
UROSCOPIA (DIVINAZIONE DELL'URINA A SCOPO DIAGNOSTICO)
XILOMANZIA (DIVINAZIONE DEL LEGNO BRUCIATO)

[20] Cfr.:
http://www.unishare.it/files/153/Appuntisistemiinformat
ivi.pdf

[21] Cfr.:
"è   difficile   capire   se   non   hai   capito   già..."
Testo di canzone
Guccini   Francesco   -   Vedi   Cara
http://testi-di-
canzoni.com/canzone/mostrare/648367/guccini-
francesco/testo-e-traduzione-vedi-cara/
[22]
http://www.imdb.com/title/tt4083504/?ref_=nm_flmg_act_1

(cfr.
http://en.wikipedia.org/wiki/The_Good_Wife_(season_6))
In soldoni: lo Studio di Alicia, Florrick / Agos viene tenuto in scacco da un hacker ricattatore, rendendo inaccessibili tutti i loro dati e cancellandoli se non viene pagato un riscatto.
Ovviamente non hanno i back-up, perché non predisposti o pianificati...

In data 08 febbraio 2016 ho trovato un interessante articolo a continuazione sull'argomento sul validissimo:

[*ZEUS News* - www.zeusnews.it - 07-02-2016]
>> di Paolo Attivissimo
Visto l'interesse lo riporto integralmente:

Aiuto, un virus ha preso in ostaggio i miei dati e vuole soldi per ridarmeli

Cosa posso fare?

Questa settimana mi è arrivata una pioggia di segnalazioni di persone e aziende messe in ginocchio da un particolare ricatto informatico: sul loro computer compare un avviso, solitamente in inglese, che comunica che tutti i loro dati (foto, musica, contabilità, fatture, progetti, lavori per la scuola) sono stati cifrati da ignoti con una password e che per avere questa password bisogna pagare un riscatto.

Questo è quello che in gergo si chiama *ransomware*. Ne ho già parlato in passato, segnalando per esempio il bollettino di MELANI, la Centrale d'annuncio e d'analisi per la sicurezza dell'informazione della Confederazione Svizzera, ma visto che l'epidemia prosegue e ci sono delle novità tecniche è il caso di scrivere una spiegazione dettagliata.

Cosa posso fare?

Per prima cosa, **spegnete subito il computer sul quale è comparso l'avviso e spegnete tutti gli altri computer presenti sulla stessa** rete informatica. Non perdete tempo. Il computer sul quale c'è l'avviso va spento brutalmente, staccando la spina o azionando il suo interruttore principale, senza spendere tempo a chiudere ordinatamente: quel computer sta probabilmente tentando di infettare gli altri computer della rete.

Se non volete moltiplicare il problema, isolatelo più in fretta che potete.

Se avete una copia di sicurezza dei dati su un disco rigido collegato in rete, **scollegatela immediatamente dalla rete** staccando il cavo o spegnendo il Wi-Fi. Molti *ransomware* esplorano la rete locale e tentano di infettare e cifrare tutti i dispositivi che trovano, specialmente quelli di backup, in modo che non possiate ripristinare i vostri dati e sventare il ricatto.

Non riaccendete nulla fino a quando avete staccato il cavo di collegamento alla rete locale o spento il Wi-Fi per mantenere l'isolamento, e comunque riaccendete soltanto quando è sul posto uno specialista informatico che vi dirà se, come e quando riaccendere. **Non cancellate nulla dai computer colpiti.**

Posso rimediare io? Mi serve davvero un tecnico?.

Mi spiace: se non siete più che esperti e più che previdenti, non potete rimediare da soli (e se siete stati infettati da un *ransomware*, probabilmente è perché non siete sufficientemente esperti e non siete stati abbastanza previdenti). Tenete presente che questi *ransomware* sono scritti da professionisti del crimine: sanno quello che fanno ed è difficile batterli.

Non perdete tempo e non cercate di risparmiare soldi con il fai da te: rischiate di perdere per sempre tutti i vostri dati. **Non usate un** antivirus dopo che è avvenuto l'attacco: non serve a nulla e rischia di peggiorare la situazione cancellando la parte del virus che serve per ripristinare i dati se pagate il riscatto.

Chiamate uno specialista. Alcuni di questi *ransomware* hanno dei difetti che consentono il recupero dei dati: un bravo specialista sa come intervenire.

Se avete una copia di sicurezza di tutti i vostri dati essenziali, potete formattare i computer colpiti, reinstallare il sistema operativo e ripristinare i dati da questa copia. Se non l'avete, ora sapete perché gli esperti raccomandano sempre di averne almeno una.

Se siete dipendenti e vi accorgete del *ransomware* sul posto di lavoro, chiamate subito l'assistenza informatica e non vi preoccupate che qualcuno vi possa dare la colpa dell'infezione: se cercate di nascondere il problema non farete altro che peggiorarlo e probabilmente alla fine scopriranno il vostro tentativo d'insabbiamento, aggravando la vostra posizione. Ai datori di lavoro conviene annunciare subito che non ci saranno sanzioni, in modo da avere la massima collaborazione dei dipendenti.

Mi conviene pagare?.

Mi spiace dirlo, ma probabilmente sì; se non avete una copia dei vostri dati, vi conviene pagare il riscatto e imparare la lezione. Valutate quanto valgono i dati che sono stati cifrati e quanto vi costerebbe ricrearli (ammesso che sia possibile) o non averli più.

Consolatevi: l'amministrazione pubblica del Lincolnshire, nel Regno Unito, è stata paralizzata pochi giorni fa da un *ransomware* che chiede un milione di sterline (1,4 milioni di franchi, 1,3 milioni di euro) di riscatto.

Se pagate, non è detto che otterrete la password di sblocco dei vostri dati: dopotutto state trattando con dei criminali. Ma di solito ai criminali che vivono di *ransomware* conviene che si sappia che le vittime che pagano il riscatto ricevono la password di sblocco: se si diffondesse la voce che pagare è inutile nessuno pagherebbe più.

Conviene inoltre decidere rapidamente se pagare o no, perché molti ransomware aumentano l'importo del riscatto se si lascia passare troppo tempo.

Di solito non c'è modo di trattare con i criminali che gestiscono il ransomware perché non c'è un indirizzo da contattare e comunque si tratta di bande che lavorano all'ingrosso, per cui voi siete probabilmente solo una delle loro tante vittime e loro non hanno tempo da perdere in trattative: prendere o lasciare.

Che prevenzione posso fare?.

La miglior forma di prevenzione è **fare il più spesso possibile una copia di scorta di tutti i dati essenziali e tenerla fisicamente isolata da Internet e dalla** rete locale **quando non è in uso.** Evitate le soluzioni di backup permanentemente connesse alla rete locale: verrebbero infettate e rese inservibili.

Tenere aggiornato il computer è fondamentale. La maggior parte dei *ransomware* si insedia sfruttando difetti delle versioni non aggiornate di Flash (come descritto qui), di Java, del browser o di Windows. Se possibile, comunque, Flash va rimosso o disabilitato, perché si è rivelato un colabrodo nonostante i continui aggiornamenti correttivi.

Usare un antivirus **aggiornato** è meglio di niente ma non garantisce l'invulnerabilità: l'antivirus bloccherà i *ransomware* meno recenti ma non riconoscerà quelli appena usciti.

Adottare un firewall **efficace** è molto utile, specialmente se consente di filtrare i tipi di file in arrivo, bloccando per esempio i file ZIP o PDF o JAR.

Usare Mac OS o Linux **invece di Windows** riduce il rischio, perché la maggior parte dei ransomware è scritta per Windows, ma non vuol dire che un utente Apple o Linux possa considerarsi immune: sono in circolazione *ransomware* scritti in Java, che funzionano su tutti i sistemi operativi che supportano Java.

È importante diffidare degli allegati **ai messaggi.** Anche se il mittente è qualcuno che conosciamo, se l'allegato è inatteso o se il testo del messaggio non è nello stile solito del mittente è meglio non aprire gli allegati, neanche se si tratta di documenti PDF o di file ZIP. Spesso i *ransomware* scavalcano le difese rubando le rubriche di indirizzi di mail, per cui le vittime ricevono mail infette provenienti da indirizzi di utenti che conoscono e di cui si fidano. Prima di aprire qualunque allegato, di qualunque provenienza, è meglio fermarsi a pensare: c'è qualcosa di sospetto? Mi aspettavo questo allegato? Posso chiamare il mittente al telefono e chiedergli se mi ha davvero mandato un allegato?

Visitare solo siti sicuri e attinenti al lavoro è una buona cautela, ma non significa che ci si possa fidare ciecamente. Evitare i siti discutibili, per esempio quelli pornografici o che ospitano app piratate o film e telefilm, riduce molto il rischio ed è saggio anche a prescindere dal *ransomware*, ma molti siti rispettabilissimi possono ospitare e disseminare questo tipo di attacco. In questi giorni, per esempio, è stato segnalato un numero molto elevato di siti normali, basati su Wordpress, che ospitano inconsapevolmente delle varianti di *ransomware*.

A parte questi rimedi tecnici, è indispensabile che ci sia un comportamento sensato e prudente da parte di tutti gli utenti. Aprire allegati ricevuti inaspettatamente, visitare siti di gioco o di film o pornografici dal computer di lavoro, non stare aggiornati sono tutte abitudini diffuse che vanno abbandonate, in modo da creare terra bruciata intorno ai criminali. Soprattutto non bisogna cadere nell'errore di pensare che tanto a noi non capita: infatti il *ransomware* viene disseminato a caso e quindi può colpire chiunque, dal privato all'azienda all'ente pubblico. E come tutti i guai, anche il *ransomware* è sempre il problema di qualcun altro fino al momento in cui colpisce noi.

>> di Paolo Attivissimo

[23]   Cfr. :
http://agilemanifesto.org/iso/it/principles.html
[24]   Cfr. :
http://agilemanifesto.org/iso/it/principles.html

Val   la   pena   di   riportarlo   integralmente…

Manifesto per lo Sviluppo Agile di Software

Stiamo scoprendo modi migliori di creare software,
sviluppandolo e aiutando gli altri a fare lo stesso.
Grazie a questa attività siamo arrivati a considerare importanti:

Gli individui e le interazioni più che i processi e gli strumenti
Il software funzionante più che la documentazione esaustiva
La collaborazione col cliente più che la negoziazione dei contratti
Rispondere al cambiamento più che seguire un piano

Ovvero, fermo restando il valore delle voci a destra,
consideriamo più importanti le voci a sinistra.

I principi sottostanti al Manifesto Agile

Seguiamo questi principi:

La nostra massima priorità è soddisfare il cliente rilasciando software di valore, fin da subito e in maniera continua.

Accogliamo i cambiamenti nei requisiti, anche a stadi avanzati dello sviluppo.

I processi agili sfruttano il cambiamento a favore del vantaggio competitivo del cliente.

Consegnamo frequentemente software funzionante, con cadenza variabile da un paio di settimane a un paio di mesi, preferendo i periodi brevi.

Committenti e sviluppatori devono lavorare insieme quotidianamente per tutta la durata del progetto.

Fondiamo i progetti su individui motivati.
Diamo loro l'ambiente e il supporto di cui hanno bisogno e confidiamo nella loro capacità di portare il lavoro a termine.

Una conversazione faccia a faccia è il modo più efficiente e più efficace per comunicare con il team ed all'interno del team.

Il software funzionante è il principale metro di misura di progresso.

I processi agili promuovono uno sviluppo sostenibile.
Gli sponsor, gli sviluppatori e gli utenti dovrebbero essere in grado di mantenere indefinitamente un ritmo costante.

La continua attenzione all'eccellenza tecnica e alla buona progettazione esaltano l'agilità.

La semplicità - l'arte di massimizzare la quantità di lavoro non svolto - è essenziale.

Le architetture, i requisiti e la progettazione migliori emergono da team che si auto-organizzano.

A intervalli regolari il team riflette su come diventare più efficace, dopodiché regola e adatta il proprio comportamento di conseguenza.
[25]   Cfr:
https://it.wikipedia.org/wiki/Stazione_di_Milano_Centrale#La_ripresa_e_conclusione_dei_lavori_.281925-1931.29
[26] Noto modo di dire livornese assimilabile a "dagli un taglio" oppure "tagliare l'angolo".
[27] Ovviamente il riferimento alla leggendaria frase di Fantozzi:

« Per me... *La corazzata Kotiomkin*... è una cagata pazzesca! »

(Ugo Fantozzi)

Cfr.:
https://it.wikipedia.org/wiki/Il_secondo_tragico_Fantozzi#La_corazzata_Kotiomkin

28 Cfr.: Regola delle fasi di un progetto:

1. Entusiasmo.
2. Disillusione.
3. Panico.
4. Ricerca del colpevole.
5. Punizione dell'innocente.
6. Gloria e onori ai non partecipanti.

http://alex.primafila.net/var/murphy.html
[29]   http://it.wikipedia.org/wiki/Parsec
Il **parsec** (abbreviato in **pc**) è un'**unità** di **lunghezza** usata in **astronomia**. Significa "**parallasse** di un **secondo** d'arco" ed è definito come la distanza dalla **Terra** (o dal **Sole**) di una **stella** che ha una **parallasse annua**[1] di 1 **secondo d'arco**. Il termine fu coniato nel 1913 su suggerimento dell'astronomo **britannico Herbert Hall Turner**.
[30] Cfr.: http://en.wikipedia.org/wiki/Point_of_no_return

The term *PNR*—"point of no return," more often referred to by pilots as the "Radius of Action formula" — originated, according to the **Oxford English Dictionary**, as a technical term in **air navigation** to refer to the point on a flight at which, due to fuel consumption, a plane is no longer capable of returning to the airfield from which it took off.

"Il termine *PNR* - "punto di non ritorno", più spesso definito dai piloti come il "Raggio di formula Azione" - ha avuto origine, secondo l' **Oxford English Dictionary**, come termine tecnico in **navigazione aerea** per riferirsi al punto su un volo in cui, a causa del consumo di carburante, un piano non è più in grado di ritornare alla pista da cui ha preso   fuori."

[31] Cfr.: http://it.wikipedia.org/wiki/Rasoio_di_Occam
Rasoio di Occam (Novacula Occami in latino) è il nome con cui viene contraddistinto un principio metodologico espresso nel XIV secolo dal filosofo e frate francescano inglese William of Ockham, noto in italiano come Guglielmo di Occam.

Tale principio, ritenuto alla base del pensiero scientifico moderno[1], nella sua forma più immediata suggerisce l'inutilità di formulare più ipotesi di quelle che siano strettamente necessarie per spiegare un dato fenomeno quando quelle iniziali siano sufficienti.

Ovvero:
« A parità di fattori la spiegazione più semplice è da preferire »(Guglielmo di Occam)
32

Ollio: "Ma perchè non mi hai detto che avevi due gambe"
 Stanlio:" Beh, tu non me lo hai chiesto"
(da Stanlio & Ollio teste dure - Vent'anni dopo)

[33] http://it.wikipedia.org/wiki/Legge_di_Moore

La prima legge di Moore è tratta da un'osservazione empirica di **Gordon Moore**, cofondatore di **Intel** con **Robert Noyce**: nel **1965**, Gordon Moore, che all'epoca era a capo del settore **R&D** della Fairchild Semiconductor e tre anni dopo fondò la Intel, scrisse infatti un articolo su una rivista specializzata nel quale illustrava come nel periodo **1959-1965** il numero di componenti elettronici (ad esempio i **transistor**) che formano un **chip** fosse raddoppiato ogni anno.

[34] In realtà, per quanto riguarda il numero di microprocessori per millimetro quadrato (o meno) siamo arrivati al così piccolo che non c'è più spazio per metterne altri. Ma le prestazioni aumenteranno con altri metodi.
Cfr:

La legge di Moore è morta davvero

I produttori di processori ormai l'hanno abbandonata.

[ZEUS   News - www.zeusnews.it -   14-02-2016]Commenti (2)

La famosa **legge di Moore**, secondo la quale*«La complessità di un microcircuito, misurata ad esempio tramite il numero di transistori per chip, raddoppia ogni 18 mesi»* è stata data per spacciata tante volte, ma alla fine è sempre sembrata inattaccabile.

Questa volta però sembra che la campana stia davvero suonando a morto, ponendo fine alla validità di quella che in fondo non era davvero una legge ma soltanto una osservazione empirica, per quanto accurata, fatta daGordon Moore nel 1965.

In realtà, già una decina d'anni dopo la formulazione iniziale la "legge di Moore" sembrava non essere proprio rispettata, tanto che Moore stesso pensò che fosse più corretto indicare un periodo di 24 mesi perché si realizzasse il previsto raddoppio dei transistor per chip.

La corsa alla miniaturizzazione dei transistor, sempre più accelerata negli anni successivi, ha messo sempre più a dura prova la legge, con i produttori di chip che**cercavano di mantenerla in vita** escogitando nuovi trucchi non certo per nostalgia ma per cercare di rispettare quello che ormai pareva un ritmo che l'industria non poteva non rispettare.

Nonostante tutte le nuove tecniche, come i **tri-gate transistor** che hanno permesso di scendere a soli 22 nanometri, il limite ora è stato raggiunto: non è possibile rimpicciolire ulteriormente i transistor per riuscire a farcene stare il doppio sul chip, a parità di dimensioni, ogni 18 mesi.

Intel, per esempio, inizialmente pensava che il 2016 sarebbe stato l'anno dei 10 nanometri con l'introduzione dell'architettura Cannonlake, ossia la precedente Skylake (che adopera una tecnologia costruttiva a 14 nanometri) ma con transistor più piccoli.

Tuttavia, già a luglio 2015 i piani erano cambiati: nel 2016 Intel resterà sui 14 nanometri introducendo non Cannonlake ma una diversa architettura, denominata Kaby Lake. Il passaggio ai 10 nanometri, considerato problematico, è ancora previsto ma è stato spostato alla seconda metà del 2017.

Segnali della difficile tenuta della legge di Moore s'erano già avuti negli anni intorno al 2000, quando divenne evidente che non era possibile continuare ad aumentare la densità di transistor e la velocità di clock senza scontrarsi con insormontabili problemi dovuti al calore prodotto. In effetti, è ormai diverso tempo che la "corsa ai gigahertz", caratteristica degli anni '80 e '90, è cessata.

Non riuscendo più a rispettare la legge di Moore, i produttori si stanno quindi orientando verso soluzioni diverse per offrire sempre prestazioni migliori. Per esempio, nella costruzione delleCPU da tempo ormai ci si concentra sull'aumento deicore.

Come spiega un articolo su **Nature**, l'idea è approfittare della *Internet delle cose* per avere a disposizione una vasta serie di sensori e processori a bassa potenza anziché un singolo processore molto potente.

Tali processori inoltre non sono più semplici unità di calcolo ma integrano componenti per gestire dispositivi quali moduli Wi-Fi e di telefonia mobile, GPS, giroscopi e altro ancora, senza dimenticare la RAM: è seguendo questa strada che siamo arrivati a parlare di **System-on-a-chip**, ormai una soluzione comune a seguito della diffusione di smartphone e tablet.

Le sfide però stanno anche altrove. Sempre Intel ha fatto sapere che, quando riuscirà a scendere a 7 nanometri nella tecnologia costruttiva deiprocessori, abbandonerà il silicio: un annuncio che è già una rivoluzione in sé.

Al suo posto sta pensando di usare l'arseniuro di indio e gallio o l'antimoniuro di indio, mentre continuano le ricerche sul carbonio e in particolare sui nanotubi.

È possibile che il futuro ci riservi la scoperta di nuove tecniche e tecnologie che permetteranno di aumentare la potenza dei chip ripristinando un ritmo analogo a quello descritto dalla legge di Moore ma, per ora, è giunto il momento di mettere da parte l'antica "norma".

Un altro articolo proveniente da Nature.

La Legge di Moore è morta, l'hi-tech chiude la bara

di
Manolo De Agostini - @mdeagostini

16 Febbraio 2016, 07:45
Fonte: Nature
156 commenti

Un lungo articolo apparso su Nature certifica quanto ormai si dice da tempo: la Legge di Moore sarà presto una linea guida del passato per il comparto hi-tech. A prenderne atto l'intera industria della produzione di chip, a caccia di soluzioni alternative per assicurare un progresso continuo.

La legge di Moore è al capolinea. Se ne parla da molti anni e a più riprese, ma un articolo apparso su Nature.com anticipa di qualche settimana le conclusioni alla quale è giunta la Semiconductor Industry Association (SIA), realtà che raccoglie le principali aziende produttrici di chip degli Stati Uniti (come Intel, AMD, Micron eIBM ☑'), insieme a organizzazioni analoghe in tutto il mondo.

La "legge" si è dimostrata valida dal 1965, con diverse evoluzioni. Dice che "le prestazioni dei processori ☑', e il numero di transistor ad esso relativo, raddoppiano ogni 18 mesi". Negli ultimi anni è apparso sempre più evidente che **la miniaturizzazione estrema (e i costi a essa associati) ha portato a un rallentamento nella capacità di crescita esponenziale** della potenza dei chip e del numero di transistor all'interno.

Gordon Moore, cofondatore di Intel

Il calore è diventato un problema rilevante con l'aumentare della densità dei transistor ed entro i prossimi dieci anni si raggiungeranno **limiti fondamentali**. Secondo Paolo Gargini, a capo dell'ISA ed ex direttore della strategia tecnologica di Intel ☑, "anche con sforzi super aggressivi arriveremo al **limite dei 2-3 nanometri**, dove i componenti saranno delle dimensioni di 10 atomi".

A quel livello il comportamento degli elettroni sarà governato **da incertezze quantistiche che renderanno i transistor inaffidabili.** E nonostante imponenti sforzi di ricerca, a oggi **non c'è alcun chiaro successore del silicio**, il materiale principe dell'industria elettronica.

Così la nuova roadmap industriale - che avrà il compito di definire lo sviluppo dell'intera industria, software compresi - non sarà più basata sulla Legge di Moore, ma seguirà quella che potrebbe essere definita una strategia "*More than Moore*": anziché rendere i chip migliori e far sì che nascano in seguito soluzioni capaci di sfruttarli, **il paradigma potrebbe invertirsi mettendo al centro lo scopo finale (il software)**, per poi lavorare a ritroso al fine di capire le caratteristiche che un chip deve avere per soddisfare le richieste.

Pentium 4 Prescott: alte frequenze e calore eccessivo

Tra questi chip ci saranno nuove generazioni di sensori, circuiti di gestione dell'alimentazione e altri dispositivi in silicio richiesti da **un mondo in cui il computing è sempre più mobile.** Ciò, tuttavia, **non significherà fine del progresso**. "L'innovazione continuerà, ma sarà più sfumata e complicata", ha affermato Daniel Reed, informatico e vicepresidente della ricerca alla University of Iowa.

Le prime crepe nella Legge di Moore sono apparse negli anni 2000, quando il processo produttivo scendeva sotto i 90 nanometri: gli elettroni si muovevano troppo rapidamente in circuiti di silicio sempre più piccoli, generando molto calore.

Così i produttori optarono per due soluzioni: **fermare la corsa all'aumento delle frequenze di clock**, limitando la velocità degli elettroni e la loro capacità di generare calore, e riprogettare i processori per **contenere non uno ma più core** - portando a problematiche nella ripartizione dei carichi di lavoro, affrontate negli anni successivi e su cui tuttora si lavora.

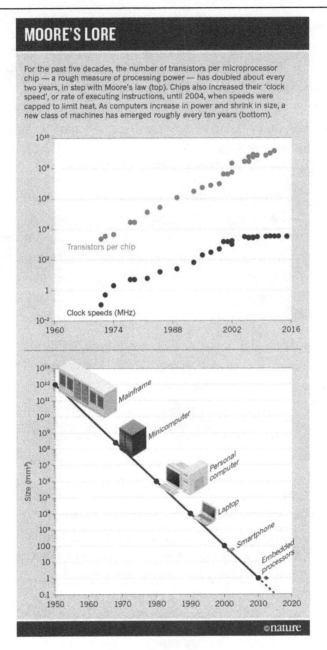

Fonte: Nature.com

Queste due soluzioni hanno permesso ai produttori di continuare a ridurre le dimensioni dei circuiti e mantenere il numero dei transistor in linea con la Legge di Moore. **Intorno al 2020 però non sarà più possibile continuare a far scalare il silicio** a causa degli effetti quantistici. Come ovviare al problema? Secondo An Chen, ingegnere elettronico che lavora in GlobalFoundries, c'è ancora un grande dibattito in merito. **Le alternative ci sono, ma molte non sono mature** per essere adottate su larga scala.

Si parla di cambiare totalmente paradigma e abbracciare il **quantum computing**, che per eseguire le operazioni usa fenomeni tipici della meccanica quantistica. Oppure di adottare il *neuromorphic computing*, che mira a modellare gli elementi di elaborazione sulla base dei neuroni del cervello. Nel caso del quantum computing molti ritengono che offrirà vantaggi solo in una nicchia di applicazioni, mentre in quello del neuromorphic computing la ricerca è in itinere.

Un'altra strada percorribile è quella di **passare a un nuovo materiale**, dai materiali spintronici citati recentemente da Intel a composti 2D simili al grafene. Purtroppo al momento nessun materiale si è dimostrato veloce quanto le controparti in silicio, capace di generare meno calore e usabile senza problemi in una catena produttiva a elevati volumi.

Leggi anche: 50 anni di Legge di Moore: è ancora valida? Non importa

Resta un terzo approccio, ossia un cambio di architettura, mantenendo il silicio ma configurandolo in modi totalmente diversi. Si parla dell'approccio 3D, ossia d'impilare "strati" di componenti logici l'uno sull'altro, come un grattacielo, ma al momento tale soluzione va bene solo per i chip di memoria, perché risentono meno del calore (i circuiti consumano solo quando si accede a una cella).

Per i processori impilare più strati è complicato, perché diventano più caldi. Una soluzione potrebbe essere quella d'**integrare** processore **e memoria**, in quanto averli separati impatta sul 50% del calore totale, generato dallo scambio continuo di dati tra i due elementi.

Per fare ciò bisogna **riprogettare la struttura dei chip**, cosa che l'ingegnere elettrico Subhasish Mitra e i suoi colleghi alla Stanford University in California hanno fatto sviluppando un'architettura ibrida che impila unità di memoria insieme a transistor fatti di **nanotubi di carbonio**. Secondo i ricercatori questa architettura potrebbe ridurre il consumo energetico a meno di un millesimo di quello di un chip standard.

Forse però il problema di fondo nella fine della Legge di Moore è **il cambiamento in atto nel settore del computing**. Si è passati da un mondo dominato dai computer desktop⬈ e dai datacenter a uno scenario in cui **il mobile detta - è il caso di dirlo - "legge"**.

Questo ha portato a un **cambio delle priorità**: i dispositivi mobile devono avere un'autonomia elevata (grazie ad appositi circuiti integrati) e i chip devono essere capaci di gestire i vari sensori e le opzioni di connettività. I chip, inoltre, devono fare sempre meno lavoro perché tante operazioni sono fatte su server⬈ remoti, nei datacenter di qualche grande colosso hi-tech.

E poi, infine, **c'è il tema già citato dei costi**. A ogni passaggio produttivo servono nuove macchine litografiche più avanzate. Mettere in piedi una nuova linea produttiva richiede investimenti di molti miliardi di dollari e la frammentazione del mercato portata dai dispositivi mobile complica ai grandi colossi il ritorno dall'investimento. **"La mia scommessa è che finiremo i soldi prima che la fisica"**, ha sentenziato Daniel Reed.

Leggi anche: La legge di Moore non va oltre il 2022 secondo la DARPA

La nuova roadmap darà priorità all'efficienza energetica, soprattutto in ottica Internet of Things, facendo sì per esempio che i sensori non abbiano bisogno di batterie, avvalendosi di energia di scarto prodotta da calore e vibrazioni. **La connettività sarà ugualmente importante e così anche la sicurezza.**

"In un certo senso", ha affermato Shekhar Borkar, a capo della ricerca avanzata per i microprocessori di Intel, "la Legge di Moore evolverà". "Vista dalla prospettiva del consumatore la legge dice che **il valore per l'utente raddoppia ogni due anni**, e in tale contesto le diverse novità in programma dovrebbero continuare a garantire tutto questo".

[35]   Per   intenderci,   questa:
https://www.youtube.com/watch?v=zjedLeVGcfE&index=11&list=RDls1gnCHr14Q

[36] Hans Ruesch, *Paese dalle Ombre Lunghe*, Garzanti 1950,

37
https://it.answers.yahoo.com/question/index?qid=200906041 43702AA7aIx9
Migliore risposta: non si dice eschimesi ma inuit, bada eschimesi è un nomignolo dispregiativo dato dal popolo shoshone (nord America) equivalente a MANGIATORI DI CARNE   CRUDA.
non è vero,nessuno cede la propria moglie a nessuno...
è la donna che è libera di andare,se vuole,con l'ospite. Questa è la rimanenza di un'antica usanza poliandrica.
Infatti   un   tempo   le   donne   inuit   potevano   avere   diversi   mariti.
quindi le donne non vengono offerte,ma decidono esse con chi avere rapporti anche se sposate
Fonte/i:**antropologa** - Rose's Jade(Ananau Alborada)

[38] Parafrasando la frase attribuita a Cristoforo Colombo, ovvero:
BUSCAR IL LEVANTE PER IL PONENTE

http://www.altraeuroparoma.it/blog/buscar-il-levante-per-il-ponente/
[39] http://it.wikipedia.org/wiki/Python_(zoologia)

40 Il termine **serendipità** è un **neologismo**[^ il neologismo è ormai generalmente accettato nei vocabolari della lingua italiana, magari con la specifica di "non comune": cfr. **Hoepli** o **Sapere**, *ad nomen*] che indica la fortuna di fare felici scoperte per puro caso e, anche, il trovare una cosa non cercata e imprevista mentre se ne stava cercando un'altra. Essendo noto l'autore del neologismo (**Horace Walpole** che coniò *serendipity* nel **XVIII secolo**), il termine rientra nella categoria **parole d'autore**[^ Massimo Fanfani, *Parole d'autore*, *Enciclopedia dell'Italiano* (2011), **Istituto dell'Enciclopedia italiana Treccani**

Cfr.: http://it.wikipedia.org/wiki/Serendipit%C3%A0
41 Cfr: Aleksandr Solženicyn, Arcipelago Gulag, traduzione di Maria Olsùfieva, seconda ed., Arnoldo Mondadori, 1974, pp. 612, cap. 16.
42 Cfr:
https://it.wikipedia.org/wiki/Epicureismo
oltre che:
https://it.wikipedia.org/wiki/Utilitarismo

ed infine:
Principio del "sei ryoku zen` yo" (massimo risultato con il minimo sforzo)
https://it.wikipedia.org/wiki/Wado-Ryu

https://it.wikipedia.org/wiki/Edonismo

(divertitevi un po')
43 Cfr:
https://it.wikipedia.org/wiki/Jacques_de_La_Palice
https://it.wikipedia.org/wiki/Lapalissiano

Carino il brano originale, frutto di un errore di trascrizione:

Origine del termine

L'aggettivo deriva dal nome del maresciallo **Jacques de La Palice**, ma, contrariamente a quanto comunemente si possa credere, non perché avesse l'abitudine di dire ovvietà. La storia di quest'aggettivo è piuttosto curiosa.

Jacques II de Chabannes, signore di **La Palice**, non fu l'autore di alcuna frase ovvia e scontata (lapalissiana). In effetti il termine deriva da una canzone intonata dagli sconfitti dell'**assedio di Pavia** (**1525**) il cui proposito era quello di rendere onore al coraggio del loro comandante, che in quella battaglia aveva trovato la morte. Si narra infatti che i suoi soldati, nell'illustrare il valore militare e la prestanza dell'amato comandante in una cantica, avessero compiuto una scelta infelice. Essi intendevano cantare (nel **francese** dell'epoca):

(FR)	(IT)
« Hélas, La Palice est mort, il est mort devant Pavie ; hélas, s'il n'estoit pas mort il ferait encore envie. »	« Ahimè, La Palice è morto, è morto davanti a Pavia; ahimè, se non fosse morto farebbe ancora invidia. »

Sfortunatamente, per assonanza o per l'ambiguità grafica tra *s* e *f* (che all'epoca si scrivevano in modo simile, ſ e f), la strofa divenne:

(FR)	(IT)
« Hélas, La Palice est mort, il est mort devant Pavie ; hélas, s'il n'estoit pas mort il serait encore en vie. »	« Ahimè, La Palice è morto, è morto davanti a Pavia; ahimè, se non fosse morto sarebbe ancora in vita. »

Ma ancora più carina è la canzone composta da , Bernard de la Monnoye

Ecco un estratto della canzone di La Monnoye:[1]

(FR)

« Messieurs, vous plaît-il d'ouïr
l'air du fameux La Palisse,
Il pourra vous réjouir
pourvu qu'il vous divertisse. La Palisse eut peu de biens
pour soutenir sa naissance,
Mais il ne manqua de rien
tant qu'il fut dans l'abondance.

Il voyageait volontiers,
courant par tout le royaume,
Quand il était à Poitiers,
il n'était pas à Vendôme!

Il se plaisait en bateau
et, soit en paix soit en guerre,
Il allait toujours par eau
quand il n'allait pas par terre.

Il buvait tous les matins
du vin tiré de la tonne,
Pour manger chez les voisins
il s'y rendait en personne.

Il voulait aux bons repas
des mets exquis et forts tendres
Et faisait son mardi gras
toujours la veille des cendres.

Il brillait comme un soleil,
sa chevelure était blonde,
Il n'eût pas eu son pareil,
s'il eût été seul au monde.

Il eut des talents divers,
même on assure une chose:
Quand il écrivait en vers,
il n'écrivait pas en prose.

Il fut, à la vérité,
un danseur assez vulgaire,
Mais il n'eût pas mal chanté
s'il avait voulu se taire.

On raconte que jamais
il ne pouvait se résoudre
À charger ses pistolets
quand il n'avait pas de poudre.

Monsieur d'la Palisse est mort,
il est mort devant Pavie,
Un quart d'heure avant sa mort,
il était encore en vie.

Il fut par un triste sort
blessé d'une main cruelle,
On croit, puisqu'il en est mort,
que la plaie était mortelle.

Regretté de ses soldats,
il mourut digne d'envie,
Et le jour de son trépas
fut le dernier de sa vie.

Il mourut le vendredi,
le dernier jour de son âge,
S'il fut mort le samedi,
il eût vécu davantage. »

(IT)

« Signori, vi piaccia udire
l'aria del famoso La Palisse,
Potrebbe rallegrarvi
a patto che vi diverta. La Palisse ebbe pochi beni
per mantenere il proprio rango,
Ma non gli mancò nulla
quando fu nell'abbondanza.

Viaggiava volentieri,
scorrazzava per tutto il reame
e quando era a Poitiers,
non era certo a Vendôme!

Si divertiva in battello
e, sia in pace sia in guerra,
andava sempre per acqua
se non viaggiava via terra.

Beveva ogni mattina
vino spillato dalla botte
E quando pranzava dai vicini
ci andava di persona.

Voleva per mangiar bene
vivande squisite e tenere
E celebrava sempre il Martedì Grasso
la vigilia delle Ceneri.

Brillava come un sole,
coi suoi capelli biondi.
Non avrebbe avuto pari
se fosse stato solo al mondo.

Ebbe molti talenti,
ma si è certi di una cosa:
quando scriveva in versi,
non scriveva mai in prosa.

Fu, per la verità,
un ballerino scadente,
ma non avrebbe cantato male,
se fosse stato silente.

Si racconta che mai
sia riuscito a risolversi
a caricar le pistole
se non aveva le polveri.

Morto è il signor de la Palisse,
morto davanti a Pavia,
Un quarto d'ora prima di morire,
era in vita tuttavia.

Fu per una triste sorte
ferito da mano crudele,
Si crede, poiché ne è morto,
che la ferita fosse mortale.

Rimpianto dai suoi soldati,
morì degno d'invidia,
e il giorno del suo trapasso
fu l'ultimo della sua vita.

Morì di venerdì,
l'ultimo giorno della sua età,
Se fosse morto il sabato,
avrebbe vissuto più in là. »

(*La Chanson de La Palisse*, Bernard de la Monnoye)

[44] Cfr Treccani:

obsolescènza s. f. [der. del lat. OBSOLESCĔRE; v. obsoleto]. – In genere, invecchiamento, superamento (di istituzioni, strutture, manufatti e sim.); più specificamente, la perdita di efficienza e di valore economico subiti da un apparecchio, da un impianto, da una tecnologia a causa del progresso tecnologico, ossia dell'immissione sul mercato di nuovi macchinarî che, producendo a costi più bassi, rendono non più competitivi quelli esistenti. Il termine è usato anche con riferimento a beni di consumo (per es., automobili, elettrodomestici o calcolatori) di cui vengono presentati nuove forme o perfezionamenti che inducono ad abbandonare il vecchio modello.

[45] http://www.mymovies.it/battute/?id=5784

Frasi celebri dal film Un colpo all'italiana

Un film di Peter Collinson. Con Rossano Brazzi, Michael Caine, Robert Powell, Raf Vallone, Noel Coward. continua»

Titolo originale THE ITALIAN JOB. Avventura, durata 100 min. - Gran Bretagna 1969.**MYMONETRO** Un colpo all'italiana ★ ★ ★ ★ ★ valutazione media: 2,25 su 4 recensioni di critica, pubblico e dizionari.

[46] **se interessa la foto in versione originale, ingrandibile a dismisura, è disponibile presso:**
http://www.om2506.it/foto/%A3%A3%A3-LEGGINFORMATICA/mappa_6400px_from_Blue_Marble-015.jpg

[47] Bruno Ongaro, Faro 'Des Pierre Noires' - 2004 Nov - 24x30 - Olio su cartone telato - [Collezione Privata dell'autore]

[48] http://www.treccani.it/vocabolario/accrocco/

[49] http://ricerca.repubblica.it/repubblica/archivio/repubblica/2003/12/29/la-confessione-del-contabile-martellate-sul-computer.html

http://cerca.unita.it/ARCHIVE/xml/110000/107456.xml?key=Roberto+Cotroneo&first=651&orderby=1&f=fir

[50] http://www.achyra.org/cruscate/viewtopic.php?t=576

www.ingramcontent.com/pod-product-compliance
Lightning Source LLC
LaVergne TN
LVHW092338060326
832902LV00008B/709